사형수의 눈물을 따라
어머니의 사랑을 따라

사형수의 눈물을 따라 어머니의 사랑을 따라

펴낸날 ㅣ 2007년 2월 27일 초판 1쇄
　　　　 2007년 3월 30일 초판 2쇄
지은이 ㅣ 박삼중
펴낸이 ㅣ 이태권
펴낸곳 ㅣ 소담출판사
　　　　 서울 성북구 성북동 178-2 (우)136-020
　　　　 전화 ㅣ 745-8566~7 팩스 ㅣ 747-3238
　　　　 E-mail ㅣ sodam@dreamsodam.co.kr
　　　　 등록번호 ㅣ 제2-42호(1979년 11월 14일)
　　　　 홈페이지 ㅣ www.dreamsodam.co.kr

ⓒ박삼중, 2007
ISBN 978-89-7381-898-3 03810

책 가격은 뒤표지에 있습니다.

삼중 스님이 부르는 슬픈 사모곡

사형수의 눈물을 따라 어머니의 사랑을 따라

박삼중 지음

소담출판사

추천의 글
삶에 대한 열정, 그리고 생명의 존귀함

 삼중 스님을 처음 뵌 것은 지금부터 15년 전, 제가 법무부에 근무할 때인 것으로 기억합니다. 스님께서는 어느 사형수의 딱한 사정을 이야기하시면서 사형집행을 연기해줄 것을 간청했습니다. 결국 그 사형수는 상당한 시일이 경과한 후에 무기징역으로 감형되었습니다.
 국민 전체가 경악을 금치 못하는 심각하고 잔인한 범죄가 발생할 때마다 사법기관은 깊은 고민을 하지 않을 수 없습니다. 범죄로부터 국민의 안전을 지키기 위해서 공권력을 행사하지 않을 수 없지만 강한 처벌만이 능사가 아니기 때문에 사법기관으로서는 고뇌하지 않을 수 없는 것입니다.

우리 사회를 오늘날의 수준으로 지켜내는 데 노고를 아끼지 않은 사법기관, 교정기관 그리고 민간단체 등에서 일하시는 여러분들께 새삼 경의를 표합니다. 그분들은 법과 질서의 유지를 위해서 진실과 공평, 처벌과 관용을 놓고 함께 고민하는 분들이기 때문입니다. 특히 재소자와 출소자의 근본적인 심성변화를 위해서 애쓰고 계시는 민간단체, 종교인들에게 감사드립니다.

본 저서를 내는 삼중 스님께서는 사형수와 재소자들의 교화를 위하여 40년을 헌신하신 분입니다. 스님께서는 이 사람들에게 새로운 희망과 삶에 대한 열정, 그리고 생명의 존귀함을 일깨워주시면서 종교에서 말하는 자비, 사랑이 무엇인지를 온몸으로 실천해오셨습니다. 이 책을 통해 스님의 삶을 돌아보면서 우리의 매일 매일의 생활이 얼마나 소중한 것인지를 다시 한 번 생각해볼 수 있기를 바랍니다.

송광수 前 검찰총장

들어가는 글
멈출 수 없는 사랑

 성철 스님께서 금강산에서 수행을 하고 있을 때 속세의 어머니는 늘 아들을 만나고 싶어 했다. 자신의 품에서 길러오던 아들이 어른이 되고 출가를 한 지도 꽤 오래된 일이었지만, 아직도 가슴속에 남아 있던 사랑만큼은 끝내 놓지 못한 것이다. 그렇게 어머니는 자식이 보고 싶어 금강산으로 향했다. 힘겨운 여정을 지나 겨우 성철 스님이 있는 사찰에 다다랐을 때였다. 누군가로부터 어머니가 찾아온다는 이야기를 전해들은 성철 스님은 수행을 중단하고 밖으로 나가보았다. 저 아래 길목에서 어머니의 모습이 보이기 시작했다. 스님은 잠시 무언가를 생각하는 듯하더니 땅바닥에 있던 돌을 들어 어머니를 향해 던지기 시작했다. 아들이 보고 싶어 멀리서 온 어머니를 품에 안지는 못할망정, 돌팔매질을 하다니. 일반적인 상식에서 보자면 그건 패륜(悖倫)에 다름 아니었다.

하지만 스님에게는 다르다. 출가(出家)를 해서 속세를 떠난 스님에게 어머니란 존재는 없다. 어머니를 향한 돌팔매질은 질긴 속세의 인연을 끊기 위한 방편이었고, 어머니를 보고 흔들릴지도 모를 자신의 나약한 마음에 대한 채찍질이었다. 부처가 되기 위한 수행의 길에서는 그 무엇도, 심지어 어머니마저도 방해물이 되고 마는 것이다.

하지만 돌팔매질을 당한 노모(老母)도 만만치 않았다.

"야, 이 자슥아, 내가 너 보러온 줄 아나, 금강산 구경온 기다!"

아들의 돌팔매질에 맞서 노모는 통 크게 한마디해주고는 발길을 돌릴 수밖에 없었다. 멀고먼 금강산 가는 길, 노모는 그 오랜 여정 동안 한순간도 아들의 얼굴을 잊지 않았을 것이며 또한 마음의 설렘도 멈추지 않았을 것이다. 그런 아들을 두고 눈앞에서 돌아서야 하는 어머니의 심정은 어땠을까. 어쩌면 차라리 그 돌팔매질을 온몸으로 견디면서도 다가가고 싶었을 것이다. 그러나 어머니는 그리움과 설렘을 한순간에 차갑게 접고 돌아설 수밖에 없었고, 아들 성철 스님 역시 그러한 어머니의 뒷모습을 그저 멍하니 바라만 보아야 했다. 그렇게 아들과 어머니는 다시 원치 않는 이별을 해야 했다.

한국 불교 사상 최고의 선승으로 일컬어지며 독보적인 존재로 우뚝 서 있는 경허 스님에게도 어머니에 관한 일화가 있다. 어느 날 스님은 '효도하는 법'이라는 제목으로 법문을 하겠다고 했다. 출가한 스님이 어머니를 거론하는 것 자체가 있어서는 안 될 일인데, 당대의 고승인 경허 스님께서 효도에 관해서 법문을 하겠다니……. 이 소식을 들은 수행자와 보살, 그리고 스님들은 궁금하지 않을 수 없었다. 당시에는 경허 스님의 어머니 역시 보살로서 함께 사찰에서 수행을 하고 계셨다. 드디어 법문이 열리던 날, 전국에서 구름처럼 몰려든 스님과 신도들이 귀를 쫑긋 세우고 경허 스님의 말이 떨어지길 기다리고 있었다.

하지만 웬걸! 연단에 올라간 경허 스님은 천천히 옷을 벗기 시작했다. 그리고 스님은 잠시 후 완전히 벌거벗은 몸이 되어버렸다. 이 광경을 지켜보던 스님들의 표정이 모두 제각각이었다. 슬며시 웃는 스님, 인상을 찡그리는 스님……. 다들 도대체 무엇을 말하려는 것인지 호기심 어린 눈빛으로 경허 스님을 지켜보았다.

벌거벗은 경허 스님은 춤인지 뭔지도 모를 동작을 아무렇게나 해대기 시작했다. 스님들 틈에 끼여 그 모습을 바라보던 어머니는 눈이 휘둥그레졌다. 그리곤 고래고래 소리를 지르기 시작했다.

"아이고, 내 아들이 드디어 미쳤구나, 미쳤어!"

어머니는 얼마나 놀랐던지 숨이 꼴딱꼴딱 넘어가기 직전이었다. 옆에 있던 스님들이 어머니를 모시고 방으로 가서 안정을 시켰다. 이 모습을 보고 있던 경허 스님이 껄껄껄 웃으며 드디어 입을 열었다.

"내가 미쳤다구? 내가 왜 미쳤는가. 진짜 미친 건 바로 저 여자가 아닌가. 어렸을 때는 목욕도 시켜주고, 내가 벌거벗고 춤추는 걸 즐거워하던 저 여자가 지금은 왜 저렇게 되어버렸지? 내가 옷을 벗었으면 와서 어릴 때 봤던 내 몸을 만져줘야지. 그리고 즐거워해야 되지 않겠나. 그래야 진짜 어머니가 아닌가. 그러니 미친 건 내가 아니라 바로 저 여자가 아니더냐!"

스님과 어머니의 관계는 한편으로 보면 참으로 모순적이다. 어머니가 있었기에 소중한 생명을 부여받은 것이지만, 속세를 떠나 출가를 할 때는 그 인연마저도 단호하게 끊어야 하기 때문이다. 불효를 하겠다는 마음이 아니어도 불효를 해야 하고, 사랑하는 사람이지만 사랑해서는 안 되는, 그런 관계가 스님과 어머니의 관계인 것이다. 그래서 많은 스님들이 천륜(天倫)과 불법(佛法) 사이에서 갈등을 하기도 한다.

나는 출가 후 5년 만에 다시 어머니를 만났다. 그리고 그때부터 어머니가 돌아가시기 직전까지 평생을 함께 지냈다.

스님이라면 마땅히 어머니와의 인연을 끊어야 할 판에 어머니를 봉양했다는 것은 옳지 못한 일일 수도 있다. 하지만 나에게 어머니는 내 모든 활동과 수행의 원천이자 든든한 버팀목이었다. 출가를 하게 된 것 역시 어머니 때문이었고 고생스러운 행자 시절을 견딜 수 있었던 것도 어머니에 대한 그리움 덕분이었다. 그리고 나에 대한 어머니의 사랑, 그리고 어머니에 대한 나의 사랑이 있었기에 오늘날의 내가 있을 수 있었다.

지난 40여 년간 많은 사형수들을 만나 그들의 새로운 인생을 찾아주기 위해 노력했고, 그 과정에서 일부는 사형을 당하지 않고 감면되거나 극적으로 석방되기도 했다. 무척이나 다행스러운 일임에는 틀림없지만, 그 모든 과정에는 '어머니'란 존재가 깊숙하게 연관되어 있다. 고백하건대, 사형수들에 대한 자비심이나 연민보다는 오히려 그 사형수들의 어머니에 대한 연민과 사랑이 내게는 더 컸다. 사형수의 어머니가 흘리는 눈물에서 나는 내 어머니의 눈물을 보았고, 그들의 자식 사랑에서 내 어머니의 자식 사랑을 보았기 때문이다. 나에게 '어머니'라는 이름은 한없이 큰 것이어서 나는 늘 그 앞에만 서면 작아지고 만다.

 살아생전에 어머니를 가까이 모시고 돌아가신 후에는 그 사랑을 추억하고 되새김하는 것은 자연스럽고도 아름다운 일이다. 하지만 스님인 나에게만큼은 그 일이 그리 자연스럽지가 않았고 누군가에게 말하기조차 쉽지 않았다. 성철 스님과 경허 스님이 그랬듯이, 나에게도 어머니는 그저 마음속에만 간직하고 있어야 할 존재였기 때문이다.
 그러나 어머니의 사랑은 모든 종교, 그리고 세상의 모든 가치에 앞서는 가장 숭고한 것이기도 하다. 그 어떤 이데올로기도, 그 어떤 논리와 명분도 어머니라는 이름을 넘어서지는 못할 것이다.

 생전에 단 한 번도 어머니에게 사랑한다는 말을 하지 못했다. 마음으로는 한없이 사랑하면서도 겉으로는 잘 표현하지 못했던 것이다. 한편으로는 쑥스럽기도 하고 또 한편으로는 민망하기도 했다. 돌아가신 후에도 마찬가지였다. 마음으로 사랑을 외치기에는 어머니라는 그 말 자체가 너무 슬펐다. 그러나 어머니의 그 깊고 넓은 사랑의 의미를 알고 난 뒤부터, 나는 마음속으로 언제 어디서든 어머니에게 늘 '사랑합니다'라는 말을 한다. 어머니의 사랑이 있었기에 많은 사형수와 그 어머니들에 대한 사랑이 생길 수 있었고, 그래서 그 소중한 생명들이 살아날 수 있었다. 더불어 어머니에 대한 그리움이 있었기에 사형수들이 자신의 어머니를 얼마나 그리워하는지 이해할 수 있었다.

나는 평생토록 어머니라는 이름에서 벗어나지 못했다. 내 어머니를 통해서, 그리고 수없이 만났던 사형수들의 어머니들을 통해서 나는 늘 어머니라는 존재에 매여 있었다. 그 강한 모정 앞에서 나도 함께 강해질 수 있었고 그 대가 없는 희생을 보며 나 스스로도 희생할 수 있었다. 어머니는 아직도 살아계신다. 그리고 내가 죽기 전까지 계속해서 내 마음속 깊은 곳에서 나와 함께하실 것이다.

더불어 세상의 모든 어머니들도 자식들의 마음속에 지금도, 그리고 앞으로도 영원히 살아계실 것이다. 그것은 멈출 수도, 멈춰질 수도 없는 끝없는 사랑이자 자비심이기 때문이다.

2007년 박삼중

차례

추천의 글 ◉ 삶에 대한 열정, 그리고 생명의 존귀함 … 5

들어가는 글 ◉ 멈출 수 없는 사랑 … 7

I. 어머니, 나의 어머니

어머니의 자서전 … 21

19살의 슬픈 과부 … 25

시작도 끝도 없는 … 31

꿈과 희망이 꺾인다는 것 … 35

두 번째 만남 … 45

어머니의 슬픈 결혼 … 49

어머니의 선택 … 58

어머니가 날 버리지 않았기에 … 70

따스했던 손 … 75

지금, 충분하다 … 85

어머니와의 이별 … 90

슬픈 매혈의 기억 … 100

세상에서 제일 착한 사람 … 105
해인사 가는 길 … 110
노승의 법어 … 119
고맙습니다, 효도할 기회를 주셔서 … 124
사랑의 방법 … 130

II. 내가 만난 어머니들

자식을 죄인으로 만든 죄 … 139
만만치 않았던 사명 … 148
사랑은 불가능이 없는 에너지 … 163
용서의 힘 … 170
그들의 가족애 … 178
세상 모든 불쌍한 이들의 어머니 … 195

마치는 글 ◦ 어머니에게 드리는 편지 … 209

I. 어머니, 나의 어머니

어머니의 자서전

마음마저 꽁꽁 얼어붙게 할 정도의 스산한 추위가 계속되던 2006년 새해 겨울의 어느 날이었다. 다가올 어머니의 천도제를 준비하면서 유품을 정리하던 나는 우연찮게 창고 한 구석에서 오래된 종이 뭉치를 발견할 수 있었다. 천으로 곱게 싸여 있던 그 종이 뭉치에서는 오래된 종이에서 나는 특유의 냄새가 솔솔 풍겨 나오고 있었다. 세월의 허망함을 보여주기라도 하려는 걸까? 갈색으로 변해버린 종이의 가장자리는 손을 갖다대자마자 부스럭거리며 떨어져 나가버리고 말았다.

호기심에 한 장 한 장 넘기다보니 어머니의 필체를 알아볼 수 있었다. 어머니가 예전에 하셨던 말씀이 어렴풋이 떠올랐다.

"내가 자서전을 내려고 글을 쓰고 있단다. 네가 잘되면 내 책이나 하나 내주렴……."

노년의 어머니는 늘 자신의 삶을 '파란만장한 소설 같다'고 표현하시곤 했다. 나는 "네, 걱정 마세요. 제가 어머니 자서전 하나 내드릴게요"라고 대답하긴 했지만 결과적으로는 건성으로 한 약속이 되어버리고 말았다.

하지만 어머니는 그때부터 차근차근 자신의 삶을 정리하셨던 모양이다. 종이마다 정성스럽게 페이지 번호가 적혀 있고 단원마다 제목까지 붙여진 것이 모양새가 꽤 그럴듯했다.

누구나 그렇듯이 어린 시절의 어머니에 대한 기억은 아련하고 어렴풋할 뿐이다. 누군가와 한참 대화를 나눠도 결국 기억에 남는 건 중요한 몇 가지 대목일 뿐이듯이 말이다. 어머니의 기록은, 토막 난 나무처럼 군데군데 잘려나간 어머니에 대한 나의 기억을 메울 수 있는 유일한 증거물이었다.

하지만 그 기록 역시 어머니의 일생을 전부 다 보여주지는 못했다. 아주 잠깐의 어린 시절, 그리고 결혼을 하기 직전과 결혼 직후의 모습이 전부였기 때문이다. 바쁜 일상과 어려웠던 생활은 자신의 삶에 대한 기록조차 완성하지 못하게 했을 것이다. 또한 그 시기의 기록만이 유일하게 남아 있다는 것은, 바로 그 시기에 어머니의 감성이 가장 풍부했다는 사실을 반증한다.

어머니의 글에는 꺾여버린 처녀 시절의 꿈에 대한 절망의 눈물이 배어 있었고 슬픈 결혼 생활에 대한 한탄과 좌절이 서려 있었다. 때로는 여성으로 태어나 질곡의 삶을 살 수밖에 없었던 회한이 엿보이기도 했다. 살아 계실 때는 나에게 한 번도 하지 않았던 생경하면서도 놀라운 이야기들이 담겨져 있었다. 마치 전혀 알지 못하던 제3자의 인생을 보는 듯했다. 그때 문득 나는 새로운 사실을 깨달았다.

'아, 나는 과연 어머니를 제대로 알고 있었는가? 내가 어머니의 인생을 제대로 이해나 하고 있었던 것일까?'

이제까지 내가 생각했던 어머니와 어머니의 글에서 느껴지는 어머니의 모습은 너무도 달랐다. 아니, 나는 어머니의 슬프고도 질곡 어린 삶을 전혀 모르고 있었다. 그리고 더 놀라웠던 것은 내가 그러한 어머니의 삶에 관심조차 갖지 않았다는 사실이다.

이어 사람의 기억이라는 것이 얼마나 이기적인가라는 생각에까지 다다랐다. 어머니에 대한 기억은 늘 나를 중심으로 재편집되어 있었다. 어머니는 그 자체로 독립적인 존재였음에도 불구하고, 내가 기억하는 어머니는 늘 '나의 어머니'였을 뿐이었다. 가만히 생각해보니 세상의 많은 일들이 그랬다. 하나의 사건을 볼 때도 사람들은 자신의 입장을 반영하고 자기식의 해석을 덧붙인다. 다른 사람의 시선으로 배려하기보다는 나의 시선이 다른 사람에게 그대로 받아들여지기를 원하는 것이다.

어머니가 남긴 기록을 읽어 나가면서 전혀 알지 못했던, 생생하고 구체적인 어머니의 모습과 만날 수 있었다. 천도제를 준비하며 느꼈던 슬픔은 그제야 나에 대한 반성으로 이어졌다. 나는 늘 어머니를 사랑한다고 생각했지만 과연 얼마나 어머니의 마음을 보살펴드렸던가. 내가 생각했던 '효도'라는 것이 혹시 '내 방식대로의' 효도는 아니었던가.

효도를 이야기할 때 "자식의 입장에서 아무리 잘해드려도 소용이 없다"는 말을 한다. 결국 부모의 마음과 몸을 편하게 해주는 것이 진정한 효도라는 이야기이다. 어머니를 대하는 생각과 태도 역시 마찬가지여야 했다. 나를 중심으로 생각하는 것이 아니라 어머니의 삶 자체를 고스란히 받아들여 있는 그대로의 어머니를 바라보아야 한다. 그래야만 하나의 인간으로서 어머니를 사랑하게 되고, 진심에서 우러나는 효도를 할 수 있는 것이다. 어머니가 남긴 자전적인 기록은 그렇게 나를 준엄하게 꾸짖고 있었다.

19살의 슬픈 과부

어머니의 기록에서 가장 많은 부분을 차지하는 것은 결혼 전후의 이야기였다. 그것은 그 당시 어머니가 겪었던 마음의 갈등이 얼마나 컸는지를 잘 말해주고 있었다. 어머니가 결혼을 한 건 한창 꽃다운 19살 때였다. 어머니의 당시 모습을 기억하고 있던 친척들은 어머니가 마치 영화배우같이 예쁘고 세련됐었다고 말했다. 집안도 무척이나 부유해서 어릴 때 이미 승마와 사격을 배울 정도였다고 하니, 그 부의 정도를 대략 짐작할 수 있을 것이다. 어머니는 이른바 '신여성(新女性)'이라 불릴 수 있을 정도로 세련된 매너와 지적인 분위기를 갖추고 있었다. 입가에 퍼지는 밝은 미소는 보는 사람의 마음까지 환하게 했고 많은 젊은이들이 어머니에게 추파의 눈길과 구애의 손길을 멈추지 않았다고 한다.

하지만 어머니의 결혼 생활은 그리 행복하지 못했다. 원하지 않았던 결혼은 잇단 불운을 가져왔고 어머니의 인생은 180도 달라졌다. 그리고 그 불운은 한평생 어머니를 힘겹게 만들었다.

아버지는 일제시대 때 독립자금을 지원했다는 이유로 일본 헌병대에 끌려가 모진 고문을 받은 끝에 돌아가셨다. 어머니에게 남은 것은 갓난아기였던 나와 떼어낼 수 없는 가난, 그리고 어디에도 도움을 청할 사람이 없다는 쓸쓸함뿐이었다. 19살, 눈부시도록 아름다운 과부의 슬픈 이야기는 그렇게 시작되었다.

2005년의 어느 날, 그렇게 60여 년이라는 오랜 고난의 세월을 감내해낸 어머니는 80살의 노인이 되어 병상에서 죽음을 기다리고 있었다. 그리고 어느 날 막내 동생에게서 전화가 걸려왔다.

"이제 시간이 얼마 안 남은 것 같아요……."

어머니가 입원해 있던 병원으로 급히 달려갔지만 나는 제대로 어머니의 얼굴을 바라볼 수 없었다. 고통스럽게 숨을 몰아쉬고 있는 어머니를 바라보는 것 자체가 고통이었다.

인생은 생로병사라고 수없이 법문을 해왔건만, 그 고통의 실체와 처절하게 마주 대한 건 그때가 처음이었다. 어머니의 입가에 묻어 있는 찐득한 침이 입술을 떼는 것조차 힘겹게 하고 있었다.

"스님……, 죄송합니다. ……평생……, 신세만 지다 갑……니다."

더 이상 그 자리에 앉아 어머니의 모습을 바라볼 수 없었다. 그것은 어머니를 위해 더 이상 할 수 있는 일이 없는, 나 자신에 대한 자책이기도 했다. 평생 신세만 지고 간다는 그 한스러운 고백은 자식인 내 마음에 오히려 못질을 하는 것이었다. 어머니가 자식에게 신세를 진다고 한들, 그것이 어째서 죄송할 일이며, 또한 어째서 그것이 병상에서 하는 마지막 말이 되어야 한단 말인가. 오늘날의 나를 있게 해준 것, 그 하나만으로도 어머니는 충분히 신세를 질 만하고 그보다 더한 신세를 져도 괜찮은 일 아닌가.

그러나 어머니의 말이 더욱 애절하게 들렸던 것은 나로 인해 불행해질 수밖에 없었던 어머니의 삶 때문이었다. 서로의 삶에 때로 혹이 되고 짐이 되면서도 사랑할 수밖에 없었고,

또 사랑하면서도 헤어질 수밖에 없었던, 그 난마처럼 얽힌 인연이 마음을 복잡하게 만들었다. 돌아가시기 전까지 임종을 지켜야 마땅한 일이었지만 아픈 과거의 기억들은 나를 그곳에 오래 머물지 못하게 했다. 사랑하는 어머니의 고통스러운 마지막 모습을 보고 있는 건 형벌보다 더 가혹했다.

 다시 사찰로 내려온 후 내가 할 수 있는 일이라고는 끊임없이 기도를 올리는 일뿐이었다. 나는 어머니가 육체의 고통을 조금이라도 덜 수 있도록, 그래서 편안한 마지막을 맞을 수 있도록 염원했다. 그러나 마음 한구석에는 지금이라도 다시 어머니에게 달려가 한 번이라도 더 어머니를 안아주고 싶은 생각이 떠나질 않았다. 하지만 그렇게 하면 더욱 슬퍼질 수밖에 없었다. 가시지 말라고, 나와 좀더 함께 있자고 말하고 싶지만, 삼라만상의 변화는 그런 애원조차 허망한 것으로 만들 것이다. 그렇게 며칠 동안 마음은 온종일 불편하고 머리는 복잡했다.

 며칠 후 이모님에게서 전화가 왔다. 목소리에는 격한 감정이 여과 없이 실려 있었다. 이모님은 어머니의 임종도 지키지 못한 불효자식이라며 나를 호되게 야단치기 시작했다.

"그렇게 너를 보고 싶어 했는데, 마지막으로 그렇게 네 손을 한 번 잡고 싶어 했는데, 도대체 왜 오질 않은 거니!"

나도 순간적으로 화를 참지 못하고 이렇게 소리치고 말았다. 속가를 떠난 스님에게 무슨 어머니가 있냐고, 그게 도대체 스님인 나에게 할 소리냐고, 나에게는 어머니가 없기에 효도도 없고 불효도 없다고.

하지만 그건 내 진심이 아니었다. 불가의 스님에게 혈육은 없지만, 지난 60년간 나에게는 분명 어머니가 있었다. 그 질긴 인연의 고리가 어머니와 나를 단단히 옭아매고 있었던 것이다. 흥분을 가라앉힌 이모님이 어머니의 마지막 모습을 전해주었다.

"꿈에 외삼촌이 나타나 '효민아, 너무 늦었다. 이제 그만 가자'고 하셨단다. 삼중이가 너무 힘들어한다고. '그렇게 네 욕심 때문에 자꾸 살고 싶어 하면, 우리 삼중이가 너무 괴롭다'고. 이승에서 진 빚은 다음 생에 갚으면 되니까 이제 그만 가자고 하셨단다. 숨을 거두기 직전에 네 어머니는 이렇게 말씀하시더구나, 저기서 들꽃이 자기를 오라고 한다고, 그래서 이제는 가야겠다고……."

어머니의 임종 소식을 듣는 순간, 나를 감싸고 있던 공기가 순식간에 사라진 듯 내 마음은 진공상태가 되어버리고 말았다. 텅 비어 있어 아무 것도 들어 있지 않고, 또 아무 것도 들어올 수 없는 상태. 이젠 정말 영영 뵐 수가 없구나. 그 얼굴, 그 미소를 볼 수 없고, 그 손을 잡을 수 없고, 말을 건네도 대답을 들을 수 없구나…….

아마도 어머니의 임종을 겪은 사람이라면, 누구나 비슷한 감정을 느꼈을 것이다. 세상에서 나를 가장 많이 생각해주는 사람, 그리고 세상에서 내가 가장 많이 의지했던 그 사람이 떠나갔을 때의 그 슬픔을 말이다.

그러나 어머니의 죽음이 더욱 슬펐던 것은 평생 같이 해왔던 추억을 이제는 홀로 간직해야 한다는 그 매정함 때문이었다. 그리고 어쩌면 그 매정함을 이기지 못해 어머니에 대한 글을 쓰고 있는지도 모르겠다. 그렇게라도 추억을 나누고 싶고, 어머니에 대한 기억을 되살려 영원히 내 마음속에 고스란히 간직하고 싶기 때문에 말이다.

시작도 끝도 없는

세상의 수많은 일에는 시작과 끝이 있다. 생명 자체에도 이미 출생이라는 시작이 있고 죽음이라는 끝이 있다. 뿐만 아니라 사랑과 우정, 기쁨과 슬픔, 영광과 고통에도 모두 제각각의 시작과 끝이 있다. 비록 모든 것이 '돌고 도는' 모양새이지만 분명 그 안에는 시작과 끝이라는 구분점들이 있는 것이다.

그러나 오로지 그 시작과 끝을 헤아리기 어려운 것이 있으니 바로 자식을 사랑하는 어머니의 마음이다. 어머니의 사랑은 내가 태어나기 전부터 시작되어 한평생 계속되고 어머니의 삶이 끝난 후에도 내 마음속에 오롯이 살아 있으니 도대체 시작과 끝을 어디서 매듭지어야 할지 모를 일이다.

나이가 들면 나이에 맞는 안목과 지혜가 생기고 세상 돌아가는 일에 대한 자신만의 식견도 가지게 된다. 그러니 사람들을 만나보면 상대의 인덕을 조금이나마 알아볼 수 있다. 그러나 무엇보다도 정확하게, 그리고 직감적으로 알 수 있는 것은 상대와의 관계에 있어서 그 감정의 폭과 양이다. 강아지도 주인이 자기를 얼마나 사랑하는지를 알아챘다고 하지 않는가. 사람도 마찬가지이다. 우리는 그것이 사랑이든, 존경이든, 믿음이든, 상대방이 나에게 얼마만큼의 감정을 주는지 알 수 있다.

그런데 도대체 감이 잡히지 않는 게 어머니의 마음이다. 어머니는 자식을 위해서 자신의 생명을 내어줄 정도로 비계산적이기까지 하다. 세상의 모든 사람들이 자식에게 등을 돌릴지언정, 어머니만큼은 세상 끝까지 자식에 대한 무한한 애정을 버리지 않는다. 어머니의 사랑은 도대체 얼마나 큰 것일까.

어머니 없이 세상에 태어난 사람은 단 한 명도 없다. 너무나 당연한 말이지만 곰곰이 생각해보면, 이 당연한 말은 많은 것을 함축하고 있다. 그것은 어머니와 자식의 관계를 그저 '혈육'이라든지, 혹은 '부모자식'이라는 형식적이고 메마른 관계로 설명하기를 거부하고 있다. 우리가 '오로지' 어머니를 통해서만 유일무이한 '생명'을 부여받을 수 있다는 사실은 어머니가 하나의 '뿌리 깊은 기원(起源)'이고 '존재의 시작'임을 의미하는 것이다. 깊고 깊은 뿌리에서 시작된 사랑, 그 크기와 한계를 알 수 없는 사랑, 도대체 언제 시작되어 언제 끝날지도 모르는 어머니의 사랑 앞에서 우리는 경건하게 머리를 숙일 수밖에 없다.

어머니가 늘 마음속에 살아 있다고 말하는 건, 어머니의 사랑을 질과 양으로 가늠해보겠다는 것과 마찬가지로 논리적이지 못할 수 있다. 그러나 누구나 이런 느낌을 한 번쯤은 경험해보지 않았을까. 누군가가 나를 도와주고 있다는 느낌, 알 수는 없지만 그 오묘한 힘이 나를 위험으로부터 보호해주고 있다는 그런 느낌 말이다.

돌이켜보면 내가 해왔던 수많은 일들이 마치 내가 한 것처럼 느껴지지 않을 때가 많았다. 사형수를 구명한다는 것은 결코 쉽지 않은 일이다. 대한민국 법정에서 엄연히 '사형 선고'를 받은 사형수가 살아서 교도소 문을 걸어 나온다는 것은 기적 같은 일이었다. 누가 봐도 '도대체 어떤 힘으로 저런 일들이 이루어졌을까?' 하는 의문을 느낄 만한 사건들이었다. 언론과 사람들은 모두 내가 해낸 일들이라고 말했지만 그럴 때마다 나는 마음속으로 고개를 가로저었다. 아무리 생각해도 이건 내가 한 일이 아닌 듯싶었기 때문이다.

'과연 그러한 일들을 내가 정말 하기나 한 것일까?' 하는 의문이 들 때가 한두 번이 아니었다. 당시의 언론 보도는 그 사건들을 여실히 증명하고 있고, 내가 가지고 있는 많은 사진들도 그때를 정확히 추억해주는데, 이상하게도 마음속에서만은 그 모든 일들을 인정하지 않았던 것이다.

이러한 의문들에 대해서 내 나름의 해답을 찾아낸 것은 그리 오래지 않아서였다. 내가 그런 불가능한 일을 해낼 수 있게 도와준 것은 바로 어머니가 나를 위해 해주었던 기도의 힘, 사랑의 힘이었다. 무언가를 간절히 원하면 우주가 그 기도를 들어주기 위해 움직이듯이, 살아생전 어머니의 간절한 기도들이 나에게 크고 놀라운 힘을 주었다.

사형수 구명운동을 시작할 즈음, 어머니는 하루 10시간씩 나를 위한 기도를 하시곤 했다. 무릎도 성치 않으신 분이 그렇게 10시간씩이나 꿇어앉아 기도를 한다는 것 자체가 놀라운 일이었다. 장례식장에서 만난 어머니의 지인 한 분이 이런 말씀을 하셨다.

"어머니께서 삼중 스님 생각을 참 많이 하셨어요. 매일 그렇게 기도하시기도 힘드셨을 텐데……. 어떨 때는 밤을 꼬박 새우시기도 하셨어요."

 장례식 내내 참고 참았던 눈물이 솟구쳐 올랐다. 스님이 눈물을 흘려서는 안 된다는 사실을 누구보다 잘 알고 있었지만, 그때만큼은 참기 힘들 정도로 어머니가 그리웠다. 그리고 그 사랑에 보답하지 못했던 내 자신도 부끄러워졌다. 나는 어머니로부터 큰 사랑을 받았지만 그 사랑이 얼마나 큰 것인지, 그리고 얼마나 헌신적인 것인지를 전혀 몰랐다.

 지금도 수많은 어머니들은 자식을 위해 사랑과 희생을 아끼지 않고 있다. 마치 나의 어머니가 그랬듯이. 하지만 그 자식들은 어머니의 사랑을 제대로 이해하지도 못하고 있을 것이다. 바로 내가 그랬듯이 말이다.

 꿈과 희망이 꺾인다는 것

 어머니의 슬픈 삶은 고등학교를 막 졸업한 때부터 시작되었다. 그때 어머니는 꿈과 희망이 여지없이 좌절되면서 원치 않는 결혼을 해야 했다. 모든 사람들에게 꿈과 희망이란 삶을 견뎌내는 일종의 에너지와 같은 것이다. 비록 현재는 고통스럽지만 결국에는 영광스러운 삶이 다가올 것이라고 기대할 수 있어서 사람들은 삶을 지속할 수 있는 것이다.

고등학교를 졸업한 어머니에게도 꿈과 희망이 있었다. 그것은 바로 더 넓은 세계로 가서 학문을 배우고, 다시 고국으로 돌아와 많은 이들에게 큰 힘이 되는 것이었다. 아마도 식민지 치하의 많은 젊은이들이 그러한 애국적인 꿈을 가지고 있었을 것이다. 그러나 보수적인 어른들은 그러한 젊은이의 비전을 가당치 않은 것으로 치부해버렸다. 특히나 유교적인 전통이 강하게 남아 있고, 근대화가 이루어지지 않았던 당시에는 많은 어른들이 '여자들'의 꿈과 희망을 쓸데없는 것으로 여겼다. 어떤 면에서 어머니의 꿈과 희망이 좌절된 것도 그런 편견과 전 근대적인 사고 때문이었다.

어머니가 고등학교를 졸업하자 집에서는 본격적으로 결혼 이야기가 나오기 시작했다. 지금이야 19살 소녀가 시집을 간다는 것 자체가 이상한 일이지만, 한평생 남편을 위해 희생하는 삶이 전부인 줄 알았던 당시로서는 별로 이상할 것도 없는 일이었다. 게다가 일본이 자국의 군사들을 위해 많은 처녀들을 위안부로 끌고 가던 시절이었으니 하루 빨리 딸을 결혼시키지 않으면 큰 봉변을 당할 수도 있다는 위기감도 있었다.

하지만 어머니는 결혼은 꿈도 꾸지 않았다. 어머니는 자신의 삶이 그저 그렇게 평이하게 흘러가는 것을 싫어했다. 보수적인 환경에서 자랐지만 마음속에는 남들이 미처 생각하지 못한 큰 꿈을 품고 있었던 것이다.

어머니의 소원은 불우한 아이들을 위해서 한평생을 바치는 것이었다. 만약 결혼을 한다면 평생 자신의 아이와 남편만 보고 살아야 하기 때문에 불우한 아이들과 함께 한다는 것은 도저히 불가능한 일이었다. 지금 생각해보면 어머니의 그런 결심은 꽤 강했던 모양이다. 게다가 부러질지언정 휘지 않았던 어머니의 강한 성품도 한몫 단단히 했다. 하긴, 동네 깡패들과 맞닥뜨려도 물러서지 않을 정도였으니, 자신의 인생 전체를 놓고 어떻게 양보와 후퇴를 생각할 수 있었을까.

어머니의 성격을 잘 엿볼 수 있는, 고등학교 시절의 에피소드가 하나 있다.

한 번은 외삼촌이 길거리에서 싸움을 한 적이 있었다. 깡패들이 엿장수인 동네 할아버지의 엿을 먹은 후 돈을 주지 않고 희롱을 하더란다. 씨름 선수 출신에 의협심이 넘치던 외삼촌은 그 광경을 보고 깡패들을 땅바닥에 패대기쳤다. 비루한 깡패들의 특징은 패거리를 지어서 복수를 한다는 점이다. 다음날 10명이 넘는 깡패들이 외갓집으로 들이닥쳤다. 외삼촌은 부엌에 숨었고 외갓집 마당을 점령한 깡패들은 외삼촌을 내놓으라고 고래고래 소리를 지르기 시작했다. 그때 어머니는 뒷문으로 달려가 경찰들을 데리고 집으로 돌아왔다. 그리고 어머니는 순식간에 깡패들의 뺨을 때리기 시작했다. '빡' 하는 소리가 들릴 정도로 힘센 손맛에 깡패들은 어안이 벙벙할 수밖에 없었다. 비록 경찰이 있다고는 하지만 복수가 두려워서라도 그렇게 하기는 힘든 일이었다. 카랑카랑한 어머니의 목소리에는 날 선 적개심이 묻어 나왔다.

"비겁한 자식들이 어디 패거리로 몰려와서 행패야? 일대일로 붙어봐. 야, 네가 두목이야? 이리 와서 우리 오빠랑 붙어봐."

경찰들 역시 예상치 못한 광경이 재미있었는지 그저 지켜보고만 있었다고 한다. 깡패들의 난동을 완전히 제압한 이 당돌한 소녀의 기개는 지금 생각해도 놀라울 따름이다.

어쨌든 이렇게 강인한 성격이었으니 결혼을 하라는 어른들의 말씀에 쉽게 수긍하기는 어려웠을 것이다. 결혼을 강요하는 집안 어른들에 맞서 어머니는 결국 혈혈단신 일본으로 건너갈 결심을 했다. 어른들의 말씀을 거역하긴 힘들었을 것이고 그렇게 결혼을 종용받으며 집에 붙어 있기는 더더욱 괴로우셨을 것이다. 시대적인 분위기 자체가 여자는 시집가서 아이 낳고 남편 뒷바라지하며 사는 것이 '삶의 정석'으로 굳어져 있을 때였으니 어머니는 뒤도 안 돌아보고 일본으로 가는 게 '상수'라고 생각했을지도 모르겠다. 어머니는 일본에서 선진문물을 배워오겠다는 굳은 결심을 하고 드디어 자신의 꿈을 실천에 옮기기 시작했다.

다행히 고등학교 동창생 중에 이미 일본으로 건너간 '경자'라는 친구가 있었고 그 친구와 편지로 연락이 닿았기에 일본으로 건너간 후에도 당분간 숙식 걱정을 할 필요는 없었다. 친구 역시 '그럼 사람을 소개해줄 테니, 일본으로 일단 오라'고 한 모양이었다. 친구는 모월 모시까지 부산항으로 오면 '요시모도 선장'이라는 사람을 만날 수 있을 것이고, 그 선장이 일본행을 도와줄 것이라고 했다.

부산으로 떠나기 전날, 어머니는 뜬눈으로 밤을 새우며 괴로워하셨다. 어머니가 남긴 기록에는 당시의 심정이 이렇게 적혀 있다.

"부모님과 형제들을 매일 사모하는 것으로 삶의 보람을 느끼고 살아왔다. 나를 금지옥엽같이 여겨주시는 부모님에게 의지할 수 있었다는 것도 큰 행복이었다. 하지만 이제는 그 부모님과 형제들을 속여야 하는 내가 무척이나 밉다. 내가 떠난 후 부모님들이 받을 충격을 생각하면……. 부모님에게 죄스러운 마음을 나중에 어떻게 다 갚아야 할까……. 그러나 나의 뜻을 꺾는다는 것은 생각해본 적도 없다."

죄책감, 걱정, 그리고 자신의 꿈을 따르려는 의지가 얽혀 있는 복잡한 심경이었을 것이다. 어머니는 그렇게 뜬눈으로 밤을 새운 후 모두가 잠든 시간에 차가운 새벽바람을 맞으며 몰래 집을 빠져나왔다.

어머니의 도일(渡日) 계획은 잘 진행되는 듯했다. 부산에

도착한 어머니는 여인숙을 잡았고 하루 종일 부둣가를 맴돌다 요시모도 선장도 만날 수 있었다. 선장은 배 안에서 어머니에게 커피를 타주면서 친구 경자에게 모든 이야기를 들었다고 했고 내일 밤 9시에 배가 출항하니 그때 오라고 했다. 일본에 도착하면 경자가 마중을 나와 있을 것이란 말도 잊지 않았다. 그날 하룻밤은 어머니에게 마치 1년 같았다. 어머니는 불안한 마음에 잠을 이루지 못하고 뜬눈으로 밤을 지새웠다.

다음날 저녁, 어머니가 요시모도 선장의 배로 향하고 있을 때 꿈이라고 착각할 만한 광경이 눈앞에 펼쳐졌다. 웬 낯선 사내와 외할아버지, 그리고 외증조모께서 나타난 것이다.

외증조모가 눈물을 그렁거리면서 어머니를 야단치기 시작했다.

"고기도 자기가 놀던 물이 좋다고 했다. 내 고향, 내 산천이 제일 좋은데 무엇 하러 일본으로 가려고 하느냐. 우리나라에서도 잘 배우면 얼마든지 훌륭한 사람이 될 수 있는데, 꼭 일본으로 가야만 출세한다는 법이라도 있니!"

옆에 계시던 외할아버지도 한 말씀 했다.

"그동안 무얼 배운 게냐. 참으로 한심하구나."

그 길로 어머니는 일본행을 포기하고 다시 서울로 돌아올 수밖에 없었다. 외할아버지는 어머니가 가출한 후, 어머니가 친구와 주고받은 편지를 찾아냈다. 그리고 용의주도한 형사의 도움으로 어머니의 행적을 찾았다. 외할아버지와 나타났던 그 낯선 사내가 바로 어머니를 찾아내는 데 결정적인 역할을 한 형사였다.

절망적인 마음으로 서울로 돌아온 어머니는 방에 틀어박혀 3일간 물도 한 모금 마시지 않았다고 한다. 외갓집 식구들은 혹시 어머니가 자살이라도 할까봐 노심초사했다. 어머니는 어머니대로 미칠 것만 같았다. 어머니는 함께 이야기를 나누며 자신의 심정을 이해해줄 사람이 없음을 한탄했다.

물론 외갓집에서 어머니의 결혼을 서둘렀던 데에는 나름의 이유가 있었다. 워낙 자손이 귀한 집이라 외손자, 혹은 외손녀라도 빨리 보고 싶었던 것이다. 그러나 일본의 선진문물을 배워서 불쌍한 조국의 아이들을 위해 큰일을 해보고 싶었던 꿈 많은 소녀에게 결혼과 자식은 무덤 같은 존재였다.

사랑하는 가족을 속여야 했던 어머니의 심정은 아마도 쉽게 이해할 수 없을 것이다. 가족에게 붙잡혀 다시 서울로 올라온 어머니는 그 침묵의 3일간 도대체 무슨 생각을 하셨을까. 어두운 방 안에 꼼짝 않고 앉아 있었던 어머니는 배고픔과 갈증을 잊을 만큼 강렬하게 자신의 꿈을 염원하진 않았을까.

삶의 희망과 꿈이 꺾이는 일은 누구에게나 절망스럽다. 자라나는 10대에게만 꿈이 있는 것이 아니고, 사회 생활을 준비하는 20대에게만 희망이 있는 것이 아니다. 바로 내 어머니에게도, 그리고 이 시대를 살아가는 모든 어머니들에게도 그런 꿈 많은 시절이 있었다. 지금은 초췌하게 늙어버린 어머니이지만 그들에게도 한때 그런 꿈과 희망이 있었던 것이다. 그러나 자식들은 자신의 꿈과 희망에 대해서만 고민하지, 어머니의 꿈과 희망에 대해서는 '마치 그런 것이 언제 있기라도 했냐'는 식으로 무관심하다.

우리가 어머니의 모습을 제대로 볼 수 있는 것은 성년이 다 되어서이다. 어릴 때는 투정의 상대로서 나에게 사랑을 주어야 하는 존재일 뿐이었던 어머니가 이때가 되면 드디어 한 명의 진정한 인간으로 보이기 시작한다. 하지만 어머니가 한평생 자식에게 준 사랑의 수고로움과 고마움을 알 나이가 되면 어머니의 꿈과 희망은 모두 사그라져 흔적도 남기지 않는다.

자식들이 어머니에게 무한히 감사해야 하는 이유가 바로 여기에 있다. 결국 어머니는 자신의 인생을 담보 잡힌 대가로 자식들을 키워낸다. 나의 어머니 역시 그 어두운 방에서 한없는 체념을 거듭한 후에 결국 결혼을 했고 나를 낳았다.

하지만 어머니는 그런 이야기를 들려주지 않으셨다. 그것이 자신의 상처였기 때문에 부끄러워 말을 하지 못했던 것이 아니다. 오히려 자식이 가슴 아파할까봐 말을 하지 않으셨던 것이다.

만약 어머니를 다시 만날 수 있다면, 나는 그 오래된 과거에 대해서 이야기해보고 싶다. 체념으로 얼룩진 소녀 시절의 슬픔에 대해서, 그리고 모든 걸 툴툴 털고 일어날 수 있었던 용기에 대해서. 그리고 무한히 감사를 드림으로써 어머니의 슬픔을 치유해드리고 싶다.

두 번째 만남

 어쩔 수 없이 자신의 꿈과 희망을 접어야 했던 어머니가 망연자실하고 있을 때 외갓집 식구들은 어머니의 결혼을 서둘렀다. 그 당시에는 맞선이나 미팅 같은 것이 없었다. 일부 처녀들은 말 그대로 '신랑의 얼굴도 모른 채' 시집을 가던, 그런 때였다. 외증조모와 외고모할머니는 신랑감을 정하고 결혼 날짜까지 잡았다. 결혼식 날짜는 하루하루 다가왔고, 어른들은 갑작스런 결혼에 힘들어할 어머니를 달래기 시작했다.

 "얘야, 그 청년, 정말로 나무랄 데가 없다. 짚신을 죽(짚신 세는 단위)으로 엮어 메고 다녀도 그런 신랑은 못 구할 거다."

 신랑집은 또 신랑집 대로 결혼을 서둘렀다.

 "색시가 받을 복이 있어서 큰 자손을 낳을 것 같아요. 시기를 놓치지 말고 어서 식을 올려야죠."

 결국 어머니는 결혼 직전에 신랑감을 보게 되었다. 남편 될 사람의 얼굴을 본 순간 어머니는 너무 놀라 바닥에 주저앉을 뻔했다. 그는 고등학교 시절에 그토록 어머니를 따라

다니던 대학생이었던 것이다. 그것이 단순한 우연이었는지, 필연이었는지는 알 수 없지만 마치 드라마 같은 장면이 눈앞에 펼쳐진 것이다.

고등학교 3학년이었던 어머니는 매일 아침 등굣길에서 한 대학생을 만나곤 했다. 그런데 이상하게도 그런 만남은 1년 동안 하루도 빼놓지 않고 이어졌다. 서로 대화를 나누지는 못했지만, 그렇게 매일 만나면서 두 사람은 서로 얼굴을 익혔던 모양이다. 우연이 매일 반복되니 어머니는 고개를 갸우뚱하며 이상하게 여겼고, 그 대학생과 눈이 마주칠 때면 형식적인 미소를 지어보이곤 했다. 그러던 어느 날 대학생이 쪽지 한 장을 내밀고는 사라져버렸다. 쪽지를 펼쳐본 어머니는 몹시 당황스러웠다.

'영원토록 사랑하고 싶습니다. 한 번 만나고 싶습니다.'

그 대학생이야 어머니를 보고 연정의 마음을 품었을지 모르지만, 어머니로서는 그 대학생에 대해서 아는 바가 없었다. 이 갑작스러운 사랑 고백에 어머니가 할 수 있는 일은 딱히 없었다.

그렇게 또 며칠이 지난 뒤 어머니의 친구를 통해서 또 하나의 쪽지가 전달되었다. 그런데 하필 그 친구가 수다쟁이라 삽시간에 학교 전체에 소문이 나고 말았다. 순진했던 여고생이 갑작스레 학교의 화제가 되었으니 어머니는 여간 곤혹스럽지 않았을 것이다. 물론 그 대학생은 그 후에도 끈질기게 쪽지를 보내 따로 시간을 내 만나자고 했지만 어머니는 연애에는 별로 관심이 없었다.

고등학교 3학년 마지막 겨울 방학이 시작되는 날이었다. 그날 하루만 지나면 고등학교 생활도 끝나고 학교에 갈 일도 없으니 어머니가 그 대학생과 마주칠 일도 없었다. 어머니는 가벼운 마음으로 집을 향하고 있었는데, 그 대학생이 또다시 나타나 어머니 뒤를 쫓았다. 어머니가 헐레벌떡 외갓집 마당으로 들어오는데, 마침 마당을 쓸고 있던 외삼촌이 이 모습을 보고 말았다.

"왜 그래? 무슨 일 있니?"

마치 무언가에 쫓기는 듯한 모습에 외삼촌이 문 밖으로 나가 두리번거렸다. 대학생은 그날따라 작심이라도 한 듯이 당당하게 다가왔다. 눈치 빠른 외삼촌이 먼저 '선수'를 쳤다.

"자넨 누군가? 공부하는 어린 여학생을 쫓아다녀서야 되겠어? 이 시대의 대학생이라면 할 일도 많을 텐데."

웬만하면 주눅이 들 만도 했지만 대학생은 굽히지 않았다.

"맞습니다. 할 일이 많기에 동반자가 되고 싶습니다."

갑작스러운 동반자 얘기에 놀란 건 어머니나 외삼촌이나 마찬가지였다.

"앞으로는 이렇게 만나는 일 없도록 하자구."

대학생은 물러서지 않았다.

"그럼 친구로 지낼 테니, 친구로서 의견이나 나누게 해주십시오."

"아이구, 변죽도 좋다. 나 역시 한 번 안 된다면 안 되는 남자야. 자, 돌아가."

대학생은 결국 발길을 돌렸고 어머니는 이제 그 대학생을 보는 일은 없을 것이라 생각했었다. 그런데 상견례 자리에서 다시 그 대학생을 만나게 되었으니 어머니가 얼마나 놀랐을 것인가. 어쨌든 과거의 추억은 추억일 뿐이고 부모님들끼리 약조를 한 상태이니 결혼은 예정대로 진행될 수밖에 없었다.

긴장 속에서, 또 한편으로는 뭐가 뭔지 모를 멍한 기분 속에서 결혼식을 마친 어머니는 드디어 나의 친가로 들어갔다. 친가는 넓은 마당을 갖춘, 커다란 기와집이었다. 때는 몹시도 추운 1월이었고, 신혼 첫날밤에는 함박눈이 내렸다. 바람도 없이 살포시 내리는 눈을 바라보면서 어머니의 마음도 조금씩 풀어졌고 과거의 상처도 조금씩 아물고 있었다.

옛말에 따르면 첫날밤에 눈이 내리면 부부 생활이 순탄하고 자식도 건강하다고 한다. 할아버지는 그날 무릎까지 내린 눈 위에서 덩실덩실 춤을 추셨다고 한다. 함박눈이 내리는 한겨울 밤, 마당에서 춤을 추는 할아버지와 행복해 하는 아버지를 보니 어머니도 그리 싫지만은 않으셨던 것 같다.

어머니의 슬픈 결혼

막연한 기대감과 함께 시작된 결혼 생활은 생각보다 평온했다. 임신한 배가 조금씩 불러오면서, 어머니는 아버지의 사랑에 하루하루 꿈같은 시간을 보냈다. 하지만 신혼 초의 행복은 그리 오래가지 않았다. 어머니 앞에는 이제껏 당해

본 적 없는 고통이 기다리고 있었다. 그것은 어머니의 인생을 일대 혼란에 빠뜨린 커다란 전환점이었다.

결혼한 지 채 6개월도 되지 않은 어느 새벽, 모두들 잠들어 있는 집안에 갑자기 군인들이 들이닥쳤다. 그들은 군화발로 우당탕탕 방까지 밀고 들어와서는 어머니와 아버지의 얼굴에 손전등을 비추었다.

"꼼짝 마. 그대로 누워 있어. 움직이면 쏜다!"

'마른하늘에 날벼락'이란 표현은 바로 이런 때 쓰라고 만들어진 것일지 모른다. 군인과는 아무 관련이 없던 어머니는 도저히 무슨 일이 일어난 것인지 가늠할 수가 없었다. 군인들은 일단 아버지에게 수갑을 채우고는 곧바로 덮고 있던 이불을 북 하고 뜯기 시작했다. 그러고는 찬찬히 이불 속을 손으로 헤집기 시작했다. 군인들이 갑자기 들이닥친 것도 이상한데, 이불을 뒤적이고 있다니! 아버지는 소리를 지르며 결사적으로 반항하고 있었고, 조부모님도 이 갑작스러운 난동에 잠이 깨어 어머니의 방으로 건너왔다.

이불 안쪽을 꼼꼼히 살피던 군인들은 두툼한 노란 봉투를 찾아내더니 아버지를 끌고 어디론가 사라졌다. 어머니는 잠시 멍하니 앉아 있었다. 어머니는 결혼할 때 이불을 주시면서 할머니께서 하셨던 말씀이 생각났다.
"얘야, 이 이불을 잘 간직하거라. 아주 소중한 거란다."
그때 어머니는 약간 의아스럽게 생각했다.
'아니, 이불이 뭐 그렇게 소중하다고 이런 말씀을 하시는 거지?'
다시 생각해보니 그 이불은 정말 소중한 것이었다. 한밤중에 들이닥친 군인들이 그 이불 속을 뒤진 건 알 수 없는 서류 뭉치를 찾기 위해서였다. 아무래도 아버지는 그 서류 때문에 체포된 것 같았다.
조부모님은 허망한 듯 마룻바닥에 주저앉아 아무 말도 없었다. 눈은 모든 기운이 빠져나간 듯 흐릿했다. 한동안 침묵이 이어졌고 마침내 어머니가 힘없는 목소리로 물었다.
"어머님, 아버님, 이게 도대체 다 무슨 일이죠? ……어째서 이런 일이 벌어진 거죠? ……혹시 그 이유를 아세요?"
기가 막혀 오히려 웃음이 나올 지경이었다. 아무런 대답도 못하던 할머니를 대신해 할아버지가 입을 열었다. 아버지의 은밀한 비밀이 밝혀지는 순간이었다.

"미안하다, 아가야. 우리 집은 몇 년 전부터 독립군에게 자금을 대고 있었단다. 아무래도 그게 발각이 된 모양이다."

어머니는 대꾸할 힘조차 없었다. 그저 그렇게 앉아 하얗게 밝아오는 새벽을 바라보고만 있었다. 아버지가 어디로 잡혀갔는지, 그리고 언제 돌아올지도 모른 채.

다음날 아침, 한 무리의 군인들이 다시 집으로 들이닥쳤다. 그들은 이번에는 집으로 들어오자마자 어머니의 손에 수갑을 채웠다. 어머니는 아무런 저항도 하지 못한 채 군인들에게 끌려갔다.

어머니가 도착한 곳은 일본 헌병대였다. 그곳에서 어머니는 이미 피투성이가 된 아버지의 모습을 볼 수 있었다. 그리고 그 모습을 보며 어머니는 자신도 곧 저렇게 될 것이라는 공포심을 느꼈다. 그때부터 어머니는 모진 고문을 당하며 도통 알 수 없는 '자백'을 강요받았다.

"결혼을 왜 했겠어? 사상이 같아서 아니야? 넌 독립군한테 뭘 해줬어?"

여러 시간에 걸친 고문을 이기지 못한 어머니는 몇 번이고 혼절을 했다. 그들은 끊임없이 자백을 강요했지만 평범하게 학교를 마치고 결혼을 한 젊은 여인이 그들에게 자백할 수 있는 건 아무 것도 없었다. 어머니에게는 매일 매일이 악몽과 같았다. 잔혹한 고문이 이어지면서 전신의 근육과 뼈가 녹아내리는 듯한 극한의 고통이 찾아왔다.

그렇게 어머니는 3일 밤낮 동안 고문을 당한 후에야 겨우 풀려날 수 있었다. 집으로 돌아올 때는 온몸이 퉁퉁 부어서 끌려갈 때 신었던 신발이 맞지 않을 정도였다. 어머니는 조부모님의 부축을 받아 겨우 집으로 돌아올 수 있었지만 걸음조차 옮기기 힘든 지경이었다. 며칠간 잠도 제대로 자지 못해 정신은 몽롱했고 말은 횡설수설이었다. 집으로 돌아온 어머니는 며칠간 내리 쓰러져 잠만 잤다고 했다. 어머니가 겨우 눈을 떠 정신을 차렸을 때에도 아버지는 돌아오지 않은 상태였다.

어머니는 아버지를 만나기 위해 다시 헌병대를 찾아갔다. 초췌한 모습의 아버지는 미안한 표정으로 어머니에게 말했다.

"나를 용서해주시오. 내가 당신을 얼마나 사랑하는지 아마 당신은 잘 모를 거요. 나는 영원히 당신과 함께 하고 싶소. 만약 죽지 않고 이곳을 나간다면 이 생명을 다 바쳐서 당신에게 보답하겠소."

할아버지는 아는 지인들을 동원해서 돈을 모으고, 이곳저곳에 남아 있던 재산까지 모두 팔아 헌병대를 찾아갔다. 그로부터 며칠 뒤, 한 달 가까이 고문에 시달리며 만신창이가 된 아버지가 겨우 집으로 돌아올 수 있었다. 석방 이유는 '병보석'이었다. 집으로 돌아온 아버지는 고문의 후유증으로 고통스러운 나날을 보내야 했고 급기야 병원에 입원하게 되었다.

그러나 어머니에게 불어닥친 불행은 여기서 끝나지 않았다. 며칠 뒤 말쑥한 정장 차림의 남자가 집으로 찾아와 할아버지와 오랜 시간 이야기를 나누었다. 그 사람이 돌아간 후 할아버지의 얼굴에는 수심이 가득했다. 어머니가 그 이유를 묻자 할아버지는 미안하다는 표정으로 이야기를 시작했다.

"애초부터 너를 속이려고 했던 건 아니었다. 결혼 전에 모든 걸 다 이야기했어야 했지만 그게 쉽지가 않았다. ……사실 여기는 우리 집이 아니다. 그래서 곧 집을 비워주어야 한단다……. 네가 무슨 죄가 있겠니. 너를 볼 낯이 없다."

아버지는 병원에 입원해 있고 어머니의 몸도 아직 낫지 않았는데, 이제는 길거리로 나앉게 된 판이었다.

그 집에 얽힌 사연은 이랬다. 서울 관훈동에서 대대로 부자로 살았던 나의 친가는 인색하지 않고 늘 덕을 베풀어 마을 사람들로부터 존경을 받고 있었다. 그런데 아버지가 우연히 한 변호사를 알게 되었고 그 사람으로부터 독립운동에 대해서 듣게 되었다고 했다. 의협심도 있고 집안에 돈도 좀 있었기에 아버지는 집안 어른들과 상의해 독립군에게 자금을 지원하기 시작했다. 그런데 그 사실이 발각되어 아버지가 잡혀가고 어머니 자신도 고생을 한 것이었다.

그러나 문제는 그뿐만이 아니었다. 독립군에 대한 지원 규모가 점점 커지면서 나의 친가는 관훈동의 큰 집을 팔고 효자동의 허름한 집으로 옮겨가야 할 처지가 되었다. 그런데 바로 그때 그 변호사가 자신이 가족과 함께 일본으로 가게 되었으니 2~3년간 자신의 집에서 살아달라고 했고 아버지와 할아버지는 변호사의 집을 돌보면서 몇 년간 그 집에서 살기로 결정을 했다. 이것이 어머니가 결혼하기 직전의 일이었다. 그러니 어머니가 결혼할 당시 나의 친가는 그럴 듯한 모양새를 갖춘, 잘사는 집으로 보였던 것이다.

그런데 문제는 일본으로 간 변호사의 일이 제대로 풀리지 않았다는 것이다. 갑작스런 사고로 아내와 딸이 병원에 입원하게 되었고 변호사 본인의 일도 여의치 않아 결국 그들은 급히 한국으로 돌아와야 했다. 애초에 한 2년 정도는 별 걱정 없이 살 수 있을 거라 생각했는데 1년도 채 되지 않아 변호사가 돌아온다니 그에 대한 아무런 준비도 하지 못한 건 어쩌면 당연한 일이었다.

결혼 이후 벌어진, 몇 가지 날벼락 같은 일들은 어머니에게 마치 꿈만 같았다. 눈앞에 닥친 이 모든 일들이 불운이자 불행임은 틀림없는 사실이었지만 어머니가 나서서 해결할 수 있는 일은 아무 것도 없었다. 그저 들이닥친 불행에 이끌려 낯선 인생의 항로에 동참할 수밖에.

일련의 일들을 알게 된 외가에서는 한바탕 소란이 벌어졌다.

"어르신, 사람을 속여도 유분수지, 이렇게나 우리를 감쪽같이 속일 수 있습니까?"

"이건 사기결혼 아닙니까. 저희 애를 데려가겠습니다!"

배신감에 격앙된 외가 식구들은 거칠 것이 없었다. 이제 겨우 철이 들었을까 말까 한 앳된 신부의 결혼이 이렇게 파국으로 치닫자 흥분하는 건 자연스러운 일이었다.

할아버지는 고개를 숙이며 읍소를 했다.

"내 아들은 나라의 독립을 위해서 일했습니다. 자신의 일시적인 안위를 위해서 그랬던 것도 아니고 무슨 흉악한 죄를 지은 것도 아니지 않습니까. 남편이나 사위를 떠나 도와주어야 하지 않겠습니까?"

목소리에는 여전히 기품이 넘쳤지만 한없이 작고 초라한 모습이었다. 애초에 중매를 섰던 외고모할머니는 고개를 숙인 채 아무 말도 하지 못했다.

하지만 어머니는 결국 외가로 돌아가진 않으셨다. 병원에 입원해 있는 아버지와 거의 망해버린 나의 친가를 버리기가 그리 쉽지 않으셨던 것이다. 어머니가 임신을 한 상태였기 때문에 그것은 더더욱 불가능한 일이었다. 쫓겨나듯 살던 집에서 나온 어머니와 조부모님은 단칸방 하나를 구해 삶을 견뎌낼 수밖에 없었다.

어머니는 얼마나 외로우셨을까. 치유되지 않은 마음의 상처는 외로움으로 인해 더 커지고, 덧나곤 한다. 누군가 옆에서 보살펴주고 쓰다듬어주면 상처는 치유되지만, 그렇지 못하면 상처는 곧 '한'이 되어 마음 깊은 곳에 단단히 자리를 잡는다. 그리고 그건 마치 '화석'과 같은 존재가 되어, 자신의 과거를 지배하는 어두운 그림자 노릇을 한다. 결국 어머니는 마음속에 있던 한을 혼자 달래면서 겨우 겨우 그 아픔을 추슬렀다.

어머니의 선택

우리 가족의 새로운 보금자리는 서대문 형무소 바로 뒤편의 허름한 단칸방이었다. 그리고 몇 개월 후 내가 태어났으니 아마도 어린 시절 내가 처음으로 본 세상이란 바로 서대문 형무소 담장이었을 것이다. 이런 기막힌 우연이 있을까. 그렇게 그 담장 아래에서 태어난 내가 결국 교도소의 교화위원을 하고 사형수들을 위해 일을 하게 되다니 말이다. 그렇게 교도소와는 태어날 때부터 인연이 있었지만 아버지와는 인연이 없었다. 나는 평생 '아버지'란 이름을 불러본 적이 없다. 내가 겨우 옹알이나 하던 돌 무렵에 이미 22살의 젊은 아버지는 돌아가셨기 때문이다. 그래서 아버지란 이름이 주는 묵직한 부성애도, 그리고 아버지란 이름을 통해서 느낄 수 있는 따뜻한 감성도 나는 잘 알지 못한다. 그 때문에 아버지보다는 어머니라는 이름이 나에게 정서적으로 더 친밀한 것인지도 모르겠다.

독한 고문의 후유증으로 병원에 입원한 아버지는 생사의 경계를 넘나들었다. 혼수상태에 빠지는 일도 많았고 잠시 정신이 들 때조차도 명확하게 사물이나 사람을 인식하지 못했다고 한다. 결국 아버지는 그렇게 고생하다 돌아가시고 말았는데, 그때 좀 기묘한 일이 있었던 모양이다. 당시 병상의 아버지와 갓난아기였던 내가 동시에 고열에 시달렸는데 내가 좀 나아지면 아버지가 심하게 열이 오르고, 아버지의 열이 내려가 안정을 되찾으면 내가 다시 거의 발작에 가까운 열병을 앓았던 것이다. 그냥 우연일 수도 있었겠지만 그 이후의 이야기들은 운명적인 무언가를 암시하는 듯하다. 어머니는 이 운명의 흐름 속에서 어쩔 수 없는 하나의 선택을 해야만 했다. 바로 '남편인 아버지를 살릴 것인가, 아니면 자식인 나를 살릴 것이냐 하는 문제에 부딪혔던 것이다. 이 난감하고 어쩔 수 없는 선택의 상황에서 결과적으로 어머니는 나를 선택했다. 어머니에게 남편과 자식은 둘 다 소중했지만 그래도 그 사랑의 종착점은 자식이었던 것이다. 세상의 수많은 남편, 혹은 아버지가 들으면 섭섭할지 모르겠지만 피와 살을 나눈 '혈육(血肉)'의 의미는 그렇게 강한 것이다. 어머니는 자식을 위해서 죽을 수도 있다고 하는데, 아마도 그 말은 모정의 정점을 표현한 것이리라.

그 많은 재산을 몽땅 독립자금으로 밀어 넣은데다가 아버지까지 병원에 입원해 계시자 집안 살림은 쪼들리기 시작했다. 결국 어머니는 생활전선에 나서야 했다. 하지만 고등학교를 졸업한 평범한 여성이 할 수 있는 일은 그리 많지 않았다. 어머니는 여러 가지 일을 알아보다 명동에 있는 한 다방의 수납원으로 취직할 수 있었다. 그 다방은 당시로서는 흔치 않던 아이스크림을 팔았던 곳이라 꽤 유명했을 뿐만 아니라 일본인 상류층이 자주 드나드는 곳이었다. 잔돈을 거슬러줘도 받지 않는 손님이 대부분이라 부수입도 꽤 쏠쏠한 편이었다. 거기에다 어머니는 일본어까지 유창했기 때문에 다방에서 인기가 있었다. 일본인의 입장에서 보면 어머니는 비록 식민지의 백성이었지만 매너와 교양을 갖추고 자신들의 모국어까지 구사할 줄 아는, 젊고 아름다운 여인이었으니 호감을 사지 않을 수 없었을 것이다. 그러나 현실에 찌들려 있던 어머니는 그들의 호의에 감사할 여유가 없었다. 병원에 있는 남편과 이제 막 태어난 아기, 이 둘을 데리고 험한 세상의 파도를 넘어야 했으니 좌우를 찬찬히 둘러볼 여유 따위는 없었던 것이다.

성실했던 어머니는 차근차근 돈을 모았고 생활은 다소 안정되어가는 듯했다. 비록 미래의 큰 희망이 보이는 건 아니었지만 그나마 그렇게 먹고살 수 있는 것도 행운이라 여겼다.

그러나 행운의 여신은 또다시 어머니를 외면하기 시작했다. 갓난아기인 내가 원인을 알 수 없는 열병으로 아프기 시작했던 것이다. 그동안 어머니는 매일 일을 하러 가야 했고 육아는 조부모님의 몫이었다. 하지만 할머니는 병원에 있는 아버지를 간호해야 했기 때문에 할아버지가 어린 나를 돌볼 수밖에 없었다. 하지만 나이가 많은 할아버지가 제대로 아기를 키우긴 힘들었을 것이다. 펄펄 끓는 고열에 병원을 찾아가보았지만 의사는 도대체 원인을 모르겠다며 고개를 가로저었다. 주변 사람들은 한여름에 생긴 땀띠가 머리로 몰려 열이 나는 것 아니겠느냐고 추측하기도 했다. 아기의 열을 달랠 수 있는 건 병원에서 처방해준 알약 몇 개가 전부였다. 일단 입원을 시킨 후 시간이 흘러 자연스레 열이 내리길 기다리는 수밖에 없었다. 그러나 약을 먹여도 그때뿐이었고 열은 오르락내리락 하면서 어머니의 마음을 애타게 했다.

아기가 아파도 출근을 하지 않을 수 없었으니 어머니의 마음은 새까맣게 타 들어갔다. 밤새 병원에서 간호를 하고 다시 출근하는 일이 반복되자 어머니의 몸마저 지쳐가기 시작했다.

사람은 누구나 감당하기 힘든 어려움이 몰아쳐 마음이 약해질 대로 약해지면 때로 미신에 기대어 희망을 찾으려고 한다. 어머니 역시 그런 마음에 점쟁이를 찾아갔다. 어머니가 자세한 속사정을 이야기하지도 않았는데 점쟁이는 꽤 그럴 듯한 이야기를 했다.

"무슨 일인지는 모르겠는데, 자식까지 엮여 있어. 기구하네, 자식이 살면 아버지가 죽고, 아버지가 살면 자식이 죽고…… 둘 중에 하나밖에는 못 살리겠는데. 누굴 살리고 싶어?"

깜짝 놀란 어머니는 도대체 그게 무슨 말이냐고 다그쳐 물었다. 하지만 그 점쟁이는 자세하게 설명해주지 않았다. 그저 한 명밖에 살릴 수 없으니 마음의 준비를 하고 마음속으로 누군가 한 명을 정하라는 것이었다. 하지만 점쟁이에게 누군가를 살려달라고 한들 그게 가능한 일도 아니고, 더구나 그가 하는 말도 어쩌면 우연히 나온 것일지 모른다는 생각을 어머니는 했다고 한다.

그러나 점쟁이의 말이 점차 현실로 나타나는 듯했다. 그때부터 본격적인 '시소게임'이 시작되었던 것이다. 아버지가 열이 펄펄 올라 혼수상태가 되면 나는 열이 내려 편안한 상태가 되고, 내가 열이 나 엉엉 울기 시작하면 아버지의 몸이 안정을 되찾는 것이었다. 말 그대로 둘 중 하나는 죽을 운명이어서 그랬을까. 계속해서 이런 일이 반복되자 처음엔 믿지 못했던 점쟁이의 말에 점차 신뢰가 가기 시작했다. 어머니는 다시 점쟁이를 찾았다.

"어떻게 하면 좋습니까. 둘 다 살릴 수 있는 방법은 정말

없나요?"

가만히 듣고 있던 점쟁이가 천천히 입을 열었다.

"아버지와 자식의 운명이 서로 거꾸로 얽혀 있어. 둘 다 살기는 힘들어. 오직 한 명만 살아날 수 있는 운명이야."

어머니는 끝내 눈물을 참지 못하고 한스럽게 흐느끼기 시작했다.

"내 자식 좀 살려주세요. 소중한 내 자식 좀 병상에서 일어나게 해주세요."

점쟁이는 자신이 할 수 있는 것은 이것뿐이라며 부적을 써 주었다. 물에 빠진 사람이 지푸라기라도 잡는 심정이었을까. 어머니는 그 부적을 몸에 지니고 둘 다 살릴 수 없다면, 자식이라도 살아나길 간절히 기원했다. 그 후 신기하게도 내 몸의 열이 내리고 차츰 나을 기미를 보이자 어머니는 나를 집에 데려다놓았다. 의사도 열이 많이 내렸으니 집에서 간호만 잘하면 된다고 했기 때문이다.

그러나 그것도 잠시뿐이었다. 며칠 간 호전되던 내 몸에 다시 열이 오르면서 온몸이 펄펄 끓기 시작한 것이다. 그때 다행히 외삼촌이 집에 함께 계셨다. 밤새 울음을 그치지 않던 아기의 몸이 불덩어리처럼 달아오르자 외삼촌은 나를 들쳐 업고 병원으로 뛰기 시작했다. 어머니 역시 외삼촌과 함께 희뿌연 안개가 서려 있는 새벽길을 내달렸다. 그렇게 한참을 달리고 있는데 갑자기 외삼촌이 발길을 멈췄다. 뭔가 이상한 기미를 느낀 것이었다. 외삼촌은 등에 있던 나를 가슴에 끌어안고 코에 뺨을 갖다대 보았다. 나는 온몸의 힘이 빠져 축 늘어진 채 이미 숨을 쉬지 않고 있었다.

"효민아, 아기가 죽은 모양이다."

하지만 어머니는 그 사실을 인정하기 싫었다. 자신의 아들이 그렇게 허망하게 죽었다는 걸 받아들이기 싫었던 것이다. 어머니는 외삼촌을 재촉하여 끝내 병원 응급실에 나를 눕혔다. 그러나 의사의 말에 어머니는 결국 고개를 푹 숙이고 말았다.

"아기가 이미 죽었네요. 이제 병원에서는 아이를 살려낼 방법이 없습니다."

그때 이미 나는 의학적으로는 사망 상태가 되어 다시 살릴 희망은 사라지고 없었다. 어머니는 그 자리에 주저앉아버리고 말았다.

'내 인생은 왜 이렇게 기구할까. 왜 이렇게도 많은 어려움이 한꺼번에 들이닥친단 말인가…….'

어머니는 할 수 없이 싸늘하게 변해버린 나를 업고 다시 집으로 향하기 시작했다. 소리 없는 흐느낌이 어머니의 발걸음을 적시고 있었다. 퍼뜩 정신을 차린 어머니는 다시 병원으로 뛰어 들어가 의사를 붙잡고 하소연을 하기 시작했다.

"선생님, 그래도 마지막으로라도 어떻게 해봐야 하는 거 아닙니까. 그냥 이렇게 아무 것도 하지 않고 아이를 버려둘 수는 없지 않습니까?"

"벌써 죽은 아이를 어떻게 하자는 겁니까? 아이는 이미 죽었습니다. 더 이상 손쓸 방법이 없다구요."

어머니는 끈질기게 의사에게 하소연을 했고 의사는 할 수 없이 마지막으로 아스피린 몇 알을 주었다. 약효에 대한 기대보다는 죽은 자식을 애달파하는 모정에 대한 마지막 배려였을 것이다.

집으로 돌아온 어머니는 마지막이라는 심정으로 아스피린을 물에 개어 내게 억지로 떠먹였다. 병원에서는 이미 죽었다고 했지만 자식을 그렇게 보내고 싶지 않았던 것이다.

아마도 어머니는 자신의 손으로 자식을 위해 무언가 하나라도 하고 싶지는 않으셨을까. 그러나 이미 숨을 쉬지 않았던 나는 미동도 하지 않았다.

'그러면 그렇지, 죽은 아이가 되살아난다니, 그게 말이나 되나…….'

그때였다. 놀랍게도 무언가를 내뱉는 듯한 탁한 소리가 들리더니 내 머리 한쪽이 터져 피가 줄줄 흐르기 시작했다. 그리고 나는 가녀린 숨을 내뱉었다.

눈이 휘둥그레진 어머니는 다시 나를 업고 뛰기 시작했다. 어머니의 옷은 피로 물들었지만 자식이 숨을 쉰다는 사실이 기쁜 나머지 그런 것은 안중에도 없었다. 의사도 놀랐다. 몇 시간 전에 이미 심장이 멎었던 아기가 숨을 쉰다는 것이 기적처럼 느껴졌을 것이다. 일단 출혈이 많았기 때문에 의사는 황급히 수술을 시작했다. 수술을 끝낸 의사가 수술실을 나오면서 연신 고개를 갸우뚱거렸다.

"체온이 완전히 정상으로 돌아왔습니다. 심장박동도 정상입니다. 찢어진 머리는 꿰맸습니다. 외부적인 충격도 없이 머리가 그렇게 찢어진다는 게 쉽게 이해가 되지 않지만,

어쨌든 그것 때문에 열이 완전히 내려간 것 같습니다."

그 시각, 호전되었던 아버지의 몸은 싸늘한 시신으로 변해버리고 말았다. 사경을 헤매던 아버지는 끝내 정신을 차리지 못하고 저세상으로 가신 것이다. 결과적으로는 그 점쟁이의 말이 들어맞고 말았다. 아버지와 나는 둘 중 하나만 살아남을 운명이었고 결국 내가 새 생명을 얻고 살아난 것이었다.

머리가 찢겨 피가 터진 자국은 아직까지 남아 있다. 그 상처는 나에 대한 어머니의 간절한 사랑의 표시이기도 했고, 결코 자식을 포기하지 않았던 어머니의 의지의 상징이기도 했다. 의학적으로 죽었다고 판명난 아들을 다시 살려보겠다고 마음먹은 것 자체가 이미 숭고한 모성(母性)이 아니면 할 수 없는 일이기 때문이다.

가끔 뉴스를 보면 자식과 부모의 관계를 다시 생각하게 하는 슬픈 소식들이 전해진다. 집안 형편도 그리 어렵지 않은 자식이 부모를 무허가 불법 양로원에 보내고 연락을 끊는 비정한 행위를 한다. 자신의 삶에 방해가 된다고, 또는 거추장스럽고 귀찮다는 이유만으로 부모를 버리는 그들의 행위는 결코 있어서는 안 될 일이다. 그러나 더욱 중요한 것은 그들이 무언가를 잊고 있다는 점이다. 부모 역시 자식을 키울 때 귀찮고 짜증나는 일이 한두 가지가 아니었을 것이다. 그래서 가끔은 포기하고 체념하고 싶은 마음도 들었을 것이다. 그러나 그들은 끝까지 인내하고 자식을 품어 안았다. 그런데도 자식들은 그런 사실을 잊고 부모를 버린다.

그런 파렴치한 행위는 뉴스에 등장하는 몇몇 사람들에게 국한된 것이 아니다. 실제로 불법 양로원에 부모를 보내지는 않았어도 우리 역시 마음속으로는 얼마나 자주 부모를 포기했던가. 부모의 모습이 부끄럽다고, 부모의 간섭이 짜증나고 귀찮다고, 얼마나 수없이 마음속으로 부모님을 체념했던가. 아무리 마음속으로 저지른 짓이라고는 해도 자신을 키워주신 어머니의 은혜를 생각하면 너무나 부끄러운 짓이 아닐 수 없다.

어린 시절, 어머니가 우리를 위해서 무엇을 해주었는지를 상기해본다면 우리는 결코 어머니를 포기하고 체념하지 못할 것이다. 어머니는 갓난아기였던 우리를 위해 제대로 잠조차 이루지 못하셨다. 어머니는 한밤중에 수시로 울어대는 우리를 어르고 달래 다시 잠을 재웠다. 그 후 우리가 학교에 다니고 직장 생활을 할 때에도 어머니의 걱정은 멈추지 않는다. 밥은 제대로 먹는지, 공부는 제대로 하는지, 날씨가 추운데 건강에는 이상이 없는지, 어머니는 끊임없이 걱정한다. 하지만 우리는 하루에 몇 번이나 부모님 생각을 하는가. 부모님 때문에 잠을 제대로 못 이룬 적이 단 한 번이라도 있는가. 아니면 어머니 걱정으로 심한 마음고생을 한 적이 있는가. 우리는 우리가 생각하는 것보다 더 많은 사랑을 어머니에게 받아왔고 우리가 알고 있는 것보다 더 많은 걱정을 어머니에게 끼쳐왔다. 우리가 이 사실을 잊지 않는다면, 마음속으로라도 어머니를 포기하거나 체념하지 못할 것이다.

어머니가 날 버리지 않았기에

우연히 알게 된 20대 중반의 젊은 여성이 있었다. 잠깐의 스치는 인연이었기에 오랜 시간을 두고 이야기를 하지도 못했고 또 그 인연 이후에는 다시 만나지도 못했다. 하지만 그녀의 이야기는 나에게 오랫동안 감동으로 남아 있다. 바로 그건 나의 이야기이기도 하고 우리 어머니의 이야기이기도 했기 때문이다.

우연히 밥을 함께 먹게 된 보살이 그녀에 대해서 이야기하길 "참 착하고 고운 마음을 가지고 있습니다"라고 했다. 처음 만나는 사람들이니 그저 말로만 하는 칭찬인 줄 알았다. 하지만 속사정을 들어보니 그저 입으로만 하는 칭찬이 아니었다.

20대 중반의 그녀는 이른바 유흥업소에서 일하는 여성이었다. 마음은 늘 그곳을 떠나고 싶지만 사정이 여의치 않다고 했다. 나는 속으로 핑계가 아닐까 생각했다. 유흥업소가 아니라도 젊은 여성이 일할 수 있는 곳은 많은데, 그렇게 성실하고 정직한 방법으로 돈을 벌면 되지 않느냐는 생각이었다. 하지만 알고 보니 그녀에게는 꽤 많은 돈이 필요했다.

그녀는 어린 시절부터 가난했다. 게다가 야채 행상으로 근근이 생계를 유지하던 부모님이 어느 날 뜻하지 않게 불의의 사고를 당하면서 가세는 더욱 기울었다. 그 날 이후 어머니는 반신불수가 되어 꼼짝도 할 수 없게 되었다. 어려운 형편에 어머니가 그렇게 사고를 당했으니 아버지는 늘 술을 입에 단 채 삶에 대한 애착도 버리고 절망 속에서 살아갈 수밖에 없었다. 결국 아버지는 어디론가 사라져버렸고 남은 것은 반신불수의 어머니와 어린 딸뿐이었다. 이제 막 고등학교를 졸업한 딸에게 많은 약값과 생활비는 큰 부담이 될 수밖에 없었다. 만약 낮에 직장을 다닌다면 어머니를 보살필 사람이 없고 일반 직장인의 월급으로는 어머니의 약값을 대는 것도 불가능했다.

그래서 그녀는 어쩔 수 없이 유흥업소에 취직을 한 것이다. 밤에는 어머니가 잠이 들기 때문에 간병에 대한 걱정을 다소 덜 수 있었다.

그녀는 밤에는 술과 웃음을 팔았고 낮에는 반신불수의 어머니를 모시며 눈물과 땀을 흘렸다. 들어보니 딱했다. 그녀라고 왜 밝고 건강한 꿈이 없겠는가. 하지만 그녀는 반신불수의 어머니를 모시기 위해 자신의 젊음을 온전히 희생만 하고 있었다. 나는 용기를 주기 위해 "참으로 큰일을 하고 있다"고 말해주었지만 그녀의 입에서 나온 말은 의외였다.

"어머니는 힘들게 사시면서도 저 하나를 키우기 위해서

모든 걸 바치셨어요. 어머니가 절 버리지 않았으니, 저 역시 어머니를 버릴 수 없지요. 오히려 저를 이만큼 크게 해주셨으니 제가 감사하면서 어머니를 모셔야죠."

힘든 생활에도 불구하고 어머니를 생각하는 그녀의 말 한마디가 내 가슴에 강렬하게 꽂혔다. "어머니가 날 버리시지 않으셨으니, 나 역시 어머니를 버릴 수 없다"는 말. 그러나 그 말은 단지 "어머니가 ~했으니 나도 ~하겠다"는 조건부적인 말은 아니었다. 그 말은 가난한 환경에서도 결코 자신을 포기하지 않았던 어머니의 깊은 사랑에 대한 이해와 존경의 표현인 동시에 자신 역시 그 어머니를 닮겠다는 의지의 표현이기도 했다.

나의 어머니도 마찬가지였다. 어머니는 아버지가 돌아가신 후 새 출발할 기회가 많았다. 19살의 어린 나이에 과부가 되었으니 갓난아기는 시댁에 맡기고 자신은 새로운 인생을 살면 그뿐이었다. 그리고 실제로 나의 친가에서도 그렇게 하기를 종용했다. 따지고 보면 어려울 게 없지 않은가. 원하면 아이를 주고, 홀가분하게 자신이 이루지 못한 꿈을 좇는 것, 그것만으로도 행복하지 않겠는가.

어머니, 나의 어머니

그러나 어머니는 끝까지 나를 포기하지 않았다. 나라는 존재가 매번 새로운 출발의 방해물이 되었음에도 결코 자식에 대한 사랑을 놓지 않으신 것이다. 어머니는 끝내 나를 자신의 품속에서 키워야 직성이 풀렸던 것이다.

  자기 뱃속으로 아기를 낳았으면 자신의 손으로 그 아기를 책임져야 한다는 말은 어쩌면 당연한 것일지도 모른다. 그리고 또 수많은 어머니들이 그렇게 하고 있다. 그러나 그것이 당연하다고 할지라도 결코 쉬운 일은 아니다. 세상의 모든 자식들은 자신을 키워준 어머니의 수고로움을 너무도 당연한 것으로 생각한다. 세상의 모든 어머니는 아이를 키우기 위해 소중한 자신의 인생 일부를 완전히 포기한다. 아이를 키우는 시절은 어머니에게는 가장 소중한 인생의 한 부분이다. 어쩌면 자식들이 어머니에게 하는 일련의 행위들을 '효도'라고 부르는 것 자체가 이미 의미가 없는 것일지도 모른다. 세상의 모든 자식들은 어머니의 소중한 인생 자체를 볼모로 커온 죄인들이기 때문이다.

따스했던 손

 그렇게 아버지가 돌아가시자 어머니는 친가에서 나와 외가로 들어가셨다. 조부모님들 역시 더 이상 어머니를 붙잡고 있을 수도 없는 노릇이었다. 그러나 외가라고 해도 이미 외할머니는 돌아가셔서 외할아버지만 계실 뿐이었다. 그 사이 일본 제국주의가 패망하면서 우리나라가 해방되었고, 뒤이어 6·25사변이 발발했다. 그 피란의 행렬들이 지금도 어렴풋이 기억난다.

 당시 8살의 어린 꼬마였던 나는 전쟁이 뭔지, 피란이 뭔지도 몰랐다. 그저 평온했던 일상이 순식간에 사라지고 갑작스럽게 인파를 헤치고 추운 거리를 이리저리 떠돌아야 했던 현실에 어리둥절할 뿐이었다. 어머니가 가자고 하면 걸어야 했고, 밥을 먹자고 하면 서둘러 숟가락을 들어 닥치는 대로 먹을 것을 입에 쑤셔 넣어야 했다. 그것은 착하고 온순한 어린아이의 행동이라기보다는 막연한 공포심에 압도당한 일종의 경계심의 표출이었고 본능적인 자기보호의 일환이었다. 사람들이 웅성대며 나누는 대화나 걱정스러운 표정들,

그리고 가끔씩 들려오는 신경질적인 고함소리와 거친 싸움소리는 원인을 알 수 없는 두려움을 느끼게 하기에 충분했다.

두려움을 느낄 때마다 나는 어머니의 손을 꼭 쥐었다. 때로 한 손을 붙잡는 것으로 두려움이 가시지 않으면 매달리듯 두 손으로 어머니의 손을 감싸 내 품으로 끌어당겼다. 내 쿵쾅거리는 심장에 어머니의 손길이 닿으면 신기하게도 조금씩 안심이 되었다. 더 커서야 '어머니 손은 약손'이란 말을 들을 수 있었지만 이미 나는 그 어린 시절에도 어머니의 따스한 두 손이 나에게 어떤 의미를 가지고 있는지를 충분히 알고 있었다. 내가 두려움을 이겨내기 위해 본능적으로 어머니의 손을 내 가슴에 갖다대면 어머니는 항상 또 다른 손을 내 등에 가만히 얹으셨다. 더할 수 없이 포근했다. 어머니의 두 손이 가지런히 어린 등과 가슴을 감싸면 마치 한겨울밤에 따뜻한 솜이불을 덮은 것처럼 푹신함을 느낄 수 있었다.

1·4후퇴가 시작되자 우리 가족, 그러니까 어머니와 나, 그리고 외할아버지는 운 좋게도 한 세관장의 도움으로 민간

여객선을 탈 수 있었다. 인천에서 출발해 부산으로 가는 민간 여객선은 약 100여 명 정도의 사람들이 탈 수 있는 중소형 배였다.

대부분의 피란민들이 걸어서 피란을 감행했을 때라 그나마 우리 가족은 큰 행운을 얻은 것이었다. 세관장은 젊은 시절부터 어머니를 무척이나 좋아했지만 어머니는 그 사람이 안중에도 없었다. 하지만 해방이 되면서 그는 신분이 급격하게 상승했고 피란이라는 혹독한 상황 속에서 반드시 살아남아야 한다는 의지를 불태웠던 어머니는 결국 그에게 도움을 청했던 것이다.

부산으로 향하는 보름 동안의 긴 항해는 호기심과 공포가 뒤범벅이 된 기묘한 경험이었다. 철부지 어린 꼬마였던 나는 난생처음 배를 타고 그 푸르디푸른 바다 위를 둥둥 떠다닌다는 사실에 한껏 들떠 있었다. 하지만 도대체 어디로 가는 건지, 왜 가는 건지, 부산에 가서 무엇을 할 것인지도 모르는 채 막연한 기분이 들기도 했다. 친구들의 얼굴도 떠올랐다. 단짝 친구였던 그들은 지금 어디서 무얼 하고 있을까? 장난꾸러기였던 친구들도 나처럼 배를 타고 어디론가 가고 있을까, 아니면 아직도 그대로 살던 곳에 남아 있을까? 다시 그 친구들을 만날 수는 있을까?

배 안에서 먹을 것이라고는 허연 국과 밥, 김치, 때로는 감자와 고구마가 전부였다. 식사는 배 안의 여자들이 공동으로 준비하여 공동으로 배분했다. 늘 허기가 져 만족스럽지 못했던 건 나뿐만이 아니었을 것이다. 설핏 잠이 들었다가 아침에 깨어나면 배가 고플 때가 많았다. 칭얼대며 어머니에게 배가 고프다고 하면 어머니는 가방에 손을 넣어 뭔가를 부스럭거리셨다. 어머니는 가방에서 그 뭔가를 꺼내 한참동안 손으로 쥐고 계셨다. 그런 다음 어머니는 가만히 내 손에 그걸 쥐어주셨다. 그건 고구마였다. 그것도 어머니가 손으로 따뜻하게 데운 고구마. 남이 볼까 무서워 나는 고구마 하나를 두 손으로 완전히 감싸고 조금씩 입으로 파먹었다. 어머니의 손에서 묻어난 온기가 나의 차가운 입술을 데워주었다.

긴 항해가 끝나고 드디어 부산항에 도착했다. 항구에는 아낙들이 피란민을 상대로 음식 장사를 하고 있었다. 아낙들은 부산스러운 인파를 헤집고 다니며 연신 "재첩국 사이소, 재첩국 사이소"라고 외치고 있었다. 어머니가 선뜻 한 아낙을 불러 세워 돈을 치르고는 김이 폴폴 올라오는 재첩국을 받아들었다.

어머니는 숟가락을 집어 먼저 나에게 한 술 두 술 떠먹여 주셨다. 처음 먹어본 재첩국이 어떤 맛이었는지도 기억 나지 않지만 추운 겨울 따뜻한 국물을 먹을 수 있었다는 것만으로도 행복했던 기억이 난다.

부산에서의 첫 정착지는 광복동의 한 여관이었다. 세관장과 그 가족이 여관에서 생활할 때 우리도 함께 그곳에 자리를 잡았다. 그렇게 3개월간의 여관 생활을 끝낸 후 오갈 데 없는 우리 가족을 받아준 것은 부산에 살고 있던 외삼촌이었다. 그분 역시 피란을 온 뒤로 양복 재단사 자격을 따 큰 양복점에 근무하고 있었다. 양복을 많이 입지 않던 시대에 양복 재단사를 한다는 것은 쉽지 않은 일이었다. 뿐만 아니라 외삼촌은 워낙 건실하고 우직해서 어머니의 전폭적인 신뢰를 받고 계셨다. 외삼촌은 우리 가족을 따뜻하게 맞이해 주었고 덕분에 우리 가족은 피란 중에도 다소 안정을 찾을 수 있었다. 그러나 그때까지 결혼을 하지 않았던 40대의 외삼촌이 결혼을 하면서 상황은 다시 급작스럽게 변했다. 더욱이 신부는 20대의 젊은 처녀였다. 아마도 그녀는 둘만의 행복한 신혼 생활을 꿈꿨을 것이다. 하지만 막상 시집을 오자 집안에는 또 다른 식구들이 버티고 있었다. 그녀는 당연히 기분이 그리 좋지 않았을 것이다. 게다가 경제적인 문제도 걸림돌로 작용했다. 비록 외삼촌이 월급을 꼬박꼬박 가져다주기는 했지만 액수가 많지 않았기 때문에 여러 식구들의 먹을거리를 장만하는 것도 쉽지 않았다. 외삼촌은 외숙모와 다투기 시작했고, 눈치가 보인 우리 가족은 결국 그 집을 나와야만 했다. 외삼촌은 진심으로 미안해했지만, 자신으로서도 어쩔 수 없는 일이었을 것이다. 어머니는 가지고 있던 돈과 외삼촌이 몰래 쥐어준 돈을 합쳐 부산 대신동에 조그만 방을 하나 얻어 고달픈 생활을 이어나가야만 했다.

방을 얻는 데 가지고 있던 돈을 모두 털어 넣은데다가 더 이상 외삼촌의 월급에도 기댈 수 없는 형편이 되었기 때문에 어머니가 나서서 돈을 벌어야 했다. 낯선 부산에서, 그것도 피란 생활을 하면서 할 수 있는 것이라고는 고작 물건을 떼다가 파는 일뿐이었다. 어머니는 부산 검찰청 구내에서 담배 장사를 시작했다. 판자를 하나 펼쳐놓고 그 위에 양담배를 올려놓은 게 고작이었지만 근근이 밥은 먹고살 수 있었다.

하루 종일 나는 어머니 옆에 붙어 앉아 장사를 도왔다. 손님이 큰돈을 내면 얼른 달려가서 잔돈을 바꿔오기도 하고 담배가 떨어지면 도매상에 가서 담배를 사오기도 했다. 함께 놀 친구가 없었던 그때에는 어머니가 나의 친구였고 담배 장사가 일종의 놀이였다. 나는 어머니와 함께 했던 그 시간들이 행복했다. 아마 어머니도 나와 함께 했던 시간들이 행복했을 것이다. 아는 사람이라고는 없는 상황에서 어머니와 나는 그렇게 서로에게 의지하며 외로움을 달랠 수 있었다.

사기꾼을 만난 적도 있었다. 한 남자가 미군 부대에서 근무한다며 미군 PX에서 담배를 싸게 살 수 있는 방법을 알려주겠다고 했던 것이다. 한 푼의 돈이 아쉬웠던 어머니는 귀가 솔깃했다. 그는 얼마의 돈을 자신에게 주면 부대에 가서 담배를 사다주겠다고 했다. 그리고 자신에게는 약간의 돈만 떼어주면 된다고 했다. 이리 저리 따져보니 꽤 그럴 듯한 소리였다.

어머니는 선뜻 수십만 원이라는 거금을 그 남자에게 내주었다. 어머니는 혹시나 하는 마음에 나를 보고 그 사람을 따라가 담배를 받아오라고 했다. 그 남자와 나는 한참을 걸어 미군부대 앞에 도착했다. 그러자 그 남자는 온화한 표정으로 말했다.

"여긴 미군들이 있는 무서운 곳이야. 출입증이 없으면 들어가지 못하니까 너는 여기 꼼짝 말고 기다리고 있거라. 내가 얼른 가서 담배를 사 오마."

어리고 순진했던 나는 그 사람의 말을 철썩같이 믿고 한참을 기다렸다. 그러나 1시간이 흐르고 2시간이 흐르고 3시간이 흘러도 그 남자는 나타나지 않았다. 나중에 안 사실이지만 그 미군 부대에는 뒷문이 있었다. 그 사내는 나와 헤어진 직후 바로 뒷문을 통해 도망가버렸고 그런 사실을 상상도 하지 못했던 나는 하염없이 그 남자를 기다렸다. 어머니에게 가고 싶은 마음이 굴뚝같았지만 담배를 받지 못했으니 그럴 수는 없었다. 나는 혹시 내가 뭔가 잘못한 게 있는 건 아닌가 하는 생각까지 했다.

붉은 놀이 하늘을 물들이기 시작하자 나는 그 자리에서 울기 시작했다. 지나가는 행인들이 걱정스럽다는 듯 나의 어깨를 어루만져주었지만 울음은 그칠 줄 몰랐다. 한참 그렇게 우는데 누군가 나를 껴안으며 번쩍 들어올렸다. 돌아오지 않는 아들을 찾아 나선 어머니였다. 어머니의 품에 안긴 나는 그제야 조금씩 울음을 멈출 수 있었다. 홀로라는 외로움에 서러웠던 나는 어머니를 다시 만나 겨우 안심이 된 것이다. 그렇게 나는 어머니의 손을 붙잡고 터벅터벅 집으로 돌아왔다.

그때의 일을 떠올릴 때마다 나는 어머니의 손을 잊을 수 없다. 어른이 되어서는 어머니의 손을 자주 잡아보지 못했다. 출가를 한 후 어머니와 한참동안 떨어져 산 것도 그 이유이지만, 나도 모르는 사이에 어머니의 손이 주었던 따스함을 잊고 있었던 것이 더 큰 이유였다.

어머니가 중풍으로 쓰러지신 다음에야 나는 어머니의 손을 자주 잡아볼 수 있었다. 나는 오랜만에 문병을 가면 제일 먼저 어머니의 손을 잡아 병세를 가늠했다. 세월과 병마는 어머니의 손을 약하게 만들었다. 어린 시절 내가 의지했던 그 강하고 따뜻했던 손을 스펀지처럼 흐물흐물하고 핏기 없는 손이 대신했다. 어린 시절과는 달리 어머니가 나의 손에 의지해 몸을 일으키셨고, 내 손으로 떠드리는 국과 밥을 받아드셨다. 추운 겨울, 피란처였던 부산항에서 어머니가 나에게 재첩국을 떠먹여주었듯이.

생각해보면 사람의 손은 참으로 많은 일을 하고, 참으로 많은 의미를 담는다. 손이 없다면 얼마나 불편할지는 잠시의 상상만으로도 충분히 예측할 수 있다. 더불어 손은 많은 것을 표현할 수 있게 한다. 손을 맞잡으며 우리는 서로의 신뢰를 다짐하기도 하고 또 두 손으로 사랑하는 이를 껴안으며 애정을 표현하기도 한다. 그러나 생각해보면 어른이 되어갈수록, 그리고 나이를 먹어갈수록 어머니의 손을 잡는 것이 쉽지 않다. 어머니의 손은 거칠다. 평생을 자식과 가족을 위해 헌신한 탓에 곳곳이 상처이고 살결 또한 거칠다. 그래서 어머니의 손은 한편으로는 자식을 키워온 그 험난한 세월의 기록이기도 하다. 그러나 어른이 된 후 우리들은 그런 어머니의 손을 얼마나 잡아보았던가.

나는 다시 어머니의 손을 잡고 싶다. 피란길에서 두려움에 벌벌 떨던 내 손을 잡아 마음을 안정시켜주었던 어머니의 손, 붉은 놀 아래 울고 있는 나를 집으로 이끄셨던 어머니의 손, 그리고 나를 키우며 거칠어진 그 손을 말이다. 물론 이제는 영원히 잡아볼 수 없겠지만, 나는 늘 마음속으로 어머니의 손을 잡는다. 그리고 나직이 속삭여본다.

"저를 키우느라 고생하셨습니다, 어머니. 살아생전에 그 손을 많이 잡아드리지 못해 진심으로 죄송합니다, 어머니."

지금, 충분하다

서울이 수복되었다는 소식이 들리자 어머니는 집으로 돌아가고 싶은 마음이 간절했던 모양이다. 힘든 타지에서의 생활을 접고 정든 고향으로 돌아가고 싶어 한 것은 비단 어머니뿐만이 아니었다. 그것은 당시 피란 생활을 하던 모든 사람들의 간절한 소망이었다. 어쨌든 어머니는 서둘러 담배장사를 접고, 우리가 살던 단칸방을 정리하고는 서울로 향했다. 하지만 특별한 계획이나 기약 같은 것은 없었다. 그저 막연한 희망이 어머니가 가진 전부였다.

막상 서울에 도착했지만 한강을 건너 서울 도심으로 진입하기는 힘들었다. 전혀 예상치 못했던 복병이 기다리고 있었던 것이다. 다리는 끊겨 있고 오직 배를 이용해 강을 건너가야 했지만 그나마 '도강증'이 없으면 그것마저도 불가능했다. 우리는 도강증을 받을 수 있는 힘도, 돈도 없었다. 우리와 비슷한 처지의 사람들은 한강 너머를 바라보며 서성이다 하루를 마치곤 했다. 우리 가족은 임시로 하숙집에 거처를 마련했다. 일단 상황을 지켜보자는 심산이었다.

날씨가 하루하루 추워지자 한강이 얼어붙기 시작했다. 이는 전혀 예상치 못했던 새로운 희망을 던져주었다. 강물이 꽁꽁 얼어붙는다면 그 얼음 위를 걸어 서울로 들어갈 수도 있었기 때문이다. 비록 목숨을 건 위험한 행동이었지만 고향으로 돌아가고자 하는 강렬한 의지는 목숨보다 더 강한 것이었나 보다. 물론 낮에는 군인들의 감시가 있어 쉽게 강을 건너지 못했다. 그러나 어두운 밤이 되면 사람들은 감시의 눈길을 피해 얼음 위를 기우뚱거리며 기었다. 어머니는 처음부터 그 행렬에 동참하지는 않았다. 그러나 그렇게 서울로 진입했다 다시 돌아온 사람들의 무용담이 들려오면서 어머니도 용기를 낼 수 있었던 것 같다. 어머니는 한강을 건널 채비를 마친 후 나를 따뜻하게 안아주며 이렇게 말했다.

"엄마는 잠깐 집에 다녀올게. 우리 착한 아기, 잘 기다리고 있을 수 있지? 5일이면 되니까, 아무 걱정 말고 할아버지와 함께 있으렴. 밥은 주인집 아주머니한테 말해놨으니까 잘 차려주실 거야."

그러나 그렇게 강을 건너간 어머니는 열흘이 넘어도 돌아오지 않았다. 외할아버지는 걱정이 더해가면서 때로 끼니를 거르기도 했다. 나 역시 어머니가 영영 돌아오지 않을까봐 걱정스러웠다. 나는 어머니가 보고 싶어 한강변을 서성이기도 했다. 어머니처럼 보이는 여자가 있으면 얼른 달려가 치맛자락을 붙잡아보았지만 그때마다 낯선 얼굴이 날 돌아보곤 했다. 밤에도 강변에 나가 어머니를 기다렸다. 그 추운 한겨울의 칼바람도 그때만큼은 이상하게 차갑게 느껴지지 않았다.

그렇게 기다림에 지쳐 잠이 들기를 반복하던 어느 날, 꿈인지 생시인지 헷갈릴 정도로 깜짝 놀랄 일이 벌어졌다. 어머니가 어느 틈엔가 돌아와 계셨던 것이다. 나는 얼른 일어나 와락 어머니를 껴안았다. 눈물이 났다. 어머니의 품에서는 아직도 한기가 느껴졌다. 한참을 그렇게 내 등을 토닥이시던 어머니는 가만히 날 쳐다보셨다. 어머니의 눈은 피곤에 절어 있었다. 열흘간의 고생이 어머니의 얼굴에 많은 흔적을 남겨놓았다.

"안 되겠어. 막상 가보니까 언제 서울로 들어갈 수 있을지도 모르겠더라구. 이 혼란한 틈에 집이 팔릴 리도 없고, 다시 부산으로 가야겠다. 가서 당분간 살다가 상황이 정리되면 그때 다시 서울로 올라오자."

어머니가 야속했다. 아무 소득도 없는 일을 왜 하셨나. 어린 마음에도 어머니를 그리워하며 기다리던 시간들이 속상하게 느껴졌다. 어머니와 그렇게 오래 떨어져 있기는 그때가 처음이었다.

지금 생각해보면 나는 그때 처음으로 어머니란 존재의 소중함을 알게 된 것 같다. 사람들은 늘 곁에 있는 것의 소중함을 모른다. 늘 우리 옆에 있으니까 언제까지라도 우리 옆에 있을 것이라고 생각하고, 그 소중함을 잊어버리는 것이다.

주변을 찬찬히 둘러보면 우리에게는 고마운 것과 감사해

야 할 것들뿐이다. 쉬지 않고 앞으로 달려가며 뭔가를 달성하고 채우기 위해 끝없이 노력하지만 잠시 눈을 돌려 새로운 시각으로 바라보면 지금의 삶으로도 우리는 충만하지 않을까. 욕망을 제거해 마음의 평안을 얻는 방법에는 여러 가지가 있겠지만, '지금, 나는 충분하다'고 생각하는 것도 큰 수행의 방편이 될 수 있다. 지금 충분하기에, 지금보다 더 나아지려는 것은 욕심이라고 생각하며 다스릴 수도 있고, 그 욕심을 위해 노력하는 지금의 모습이 그 충분함에는 어울리지 않는 것이라며 절제할 수 있다.

특히 어머니는 살아계신다는 그것만으로 충분하다. 또 그것만으로 형용할 수 없는 즐거움이다. 어머니가 나를 위해서 무엇을 해주기 때문에 충분하다는 것이 아니다. 그 수많은 세파를 거치고도 아직까지도 내 앞에 살아계신다는 것, 그것만으로도 어머니는 충분히 감사한 존재이다.

하지만 어리석은 나는 몰랐다. 어머니가 살아계신다는 것이 얼마나 '충분'한 일인지, 그리고 얼마나 감사한 일인지.

어머니와의 이별

어머니가 돌아온 후 우리 식구는 다시 부산으로 내려가 객지 생활에 익숙해지기 위해서 노력했다. 생계는 역시 담배 장사로 해결해야 했다.

그러다 어머니가 한 남자를 알게 되었다. 그분은 큰 맥주 회사의 임원으로 회사 내의 어떤 사건에 연루되어 가끔 검찰청에 드나들었다. 그분은 검찰청에 드나들 때마다 어머니에게 담배를 사곤 했다. 젊은 여인이 아이를 데리고 담배를 파는 모습이 애처로웠던 것인지, 아니면 궁금한 게 있었던 것인지, 그분은 어머니와 이런저런 이야기를 나누곤 했다. 처음에는 무관심했던 어머니도 조금씩 마음을 열면서 두 사람은 서서히 가까워졌다.

그분은 충청도 공주의 대단한 양반집 자손이었다. 그분은 경제적으로 풍족한 것은 물론이고 예의범절도 깍듯하여 단숨에 어머니의 마음을 사로잡았다. 그분 역시 어머니처럼 몇 년 전 아내와 사별한 후 혼자 살고 있었다. 아마 처음부터 그분은 어머니를 자신의 마음속에 담아두었는지 모르겠다. 한 번은 그분이 어머니에게 식사 대접을 했고 덕분에 어머니와 나는 오랜만에 외식을 하며 즐거운 시간을 보냈다.

알고 보니 그분은 참고인 자격으로 검찰청을 자주 드나든 것이었다. 그러니까 본인이 특별한 잘못을 해서 검찰청에 드나든 건 아니었던 것이다.

그렇게 함께 저녁을 먹은 다음부터 그분은 어머니를 만나기 위해 일부러 검찰청을 찾곤 했다. 운전기사까지 딸려 있는 그분의 차가 검찰청 앞에 서면 나는 "엄마, 엄마, 그 차야!" 하고 소리치곤 했다. 그러면 어머니는 금방 얼굴이 빨개지셨다.

담배가 맺어준 인연은 점차 깊은 관계로 발전하기 시작했다. 두 분은 서로에 대해서 진지하게 생각하다 결국에는 함께 살기로 결정했다. 어머니로서는 새로운 인생의 전기가 마련된 셈이었다. 담배 장사로 힘겹게 살아가던 삶이 순식간에 변했다. 어머니는 나와 외할아버지의 손을 잡고 그분이 마련해준 서울의 집으로 들어갔다. 새로운 동거가 시작된 것이다. 어머니는 그때부터 '사모님'이라는 품격 있는 호칭으로 불리기 시작했다. 비록 정식으로 혼인을 하지는 않았지만 주변에서는 두 사람을 부부로 인정했고 어머니 역시 그것이 싫지 않으셨던 모양이다.

그분은 어머니의 진가를 제대로 알고 있었다. 비록 담배 장사를 하기는 했지만, 지식 면에서나 처세 면에서 자신이 결코 우리 어머니를 따라갈 수 없다는 사실을 이미 알고 있었던 것이다. 그분은 사업을 구상할 때도 어머니에게 자문을 구했다.

의붓아버지의 경제력 덕분에 나 역시 유복한 생활을 할 수 있었다. 당시 초등학교 5학년이었던 나는 학교 선생님 집에서 하숙을 했다. 하숙비를 두둑이 챙겨주니 선생님 역시 나를 칙사 못지않게 대접해주었다. 나는 전교에서 가장 좋은 옷을 입고 가장 좋은 신발을 신고 가장 좋은 도시락을 싸갔다.

하지만 나와 그분 사이에는 묘한 긴장감이 흐르고 있었다. 어머니는 그분을 '아버지'라 부르라고 했지만 내 입에서는 그 말이 쉽게 떨어지지 않았다. 선뜻 마음이 내키지 않았던 것이다. 입에서 '아버지'라는 소리가 나오지 않으니 당연히 대화도 적어질 수밖에 없었다. 나는 그분에 대해 뭔가 정체를 알 수 없는 적대감과 불편함을 느끼고 있었다. 이런 시간이 오래 계속되자 그분을 살갑게 대하는 것은 더더욱 힘들어졌다. 일주일에 한 번씩 하숙집에서 집으로 돌아오면 그분은 나를 무척 반기며 학교 생활에 대해 묻곤 했다. 그러나 나는 늘 묵묵부답이었다. 인상을 쓰거나 짜증을 내지는 않았지만, 그렇다고 해맑은 표정을 짓는 것도 아니었다.

남편과 아들 가운데에서 힘이 드는 건 어머니였다. 그러나 어머니는 나에게 억지로 강요하진 않으셨다. 어느 날 나는 의붓아버지에게 느끼는 불편함을 고백했다. 그러자 어머니는 오히려 밝은 얼굴로 대답해주셨다.

"그래, 괜찮아. 네가 할 수 있을 때 해. 하기 싫은 건 억지로 할 필요가 없어. 네 마음이 시킬 때, 그때 아버지라고 부르렴."

어머니는 나를 늘 인자하게 대하셨고 나는 그런 어머니에게 한없는 애정을 느꼈다.

그렇게 어머니도 한동안은 궁핍에서 벗어나 여유 있게 살 수 있었다. 그러나 의붓아버지가 다니던 회사가 부도가 나면서 또다시 어머니의 삶은 나락으로 떨어졌다. 그러나 그것은 어머니의 삶에만 영향을 미친 것은 아니었다. 그것은 나의 가출의 계기가 되었고, 그 가출은 결국 출가로 이어져 내가 스님의 길을 걷는 데 결정적인 원인이 되었던 것이다.

어느 주말, 여느 때처럼 하숙집에서 집으로 돌아온 나는 풍비박산이 된 집안을 보고 아연실색했다. 집은 경매로 완전히 넘어간 상태였고 빚쟁이들의 등쌀에 어머니는 초주검이 되어 있었다. 빚쟁이들은 수시로 집에 찾아와 어머니를 들볶았고 의붓아버지는 며칠 동안 연락조차 닿지 않았다. 얼이 빠진 어머니를 위로하고 힘을 줄 사람은 나밖에 없었다. 그리고 얼마 후 집달관이 들이닥쳐 집에 있던 모든 가전제품을 쓸어가자 어머니는 통곡을 하고야 말았다. 우리는 당장 거리에 나앉을 처지가 된 것이다. 그제야 의붓아버지는 초췌한 얼굴로 나타났다. 그간 회사 일 때문에 제대로 집에도 들어오지 못하신 것이다.

집에서 쫓겨난 우리는 여관을 전전해야 했다. 하지만 부자일 때의 씀씀이가 쉽게 줄어들지는 않았다. 아니면 '반드시 재기할 수 있다'는 의붓아버지의 믿음이 워낙 강했기 때문에 현실을 제대로 인식하지 못한 것일 수도 있다. 여관 생활을 하면서도 의붓아버지는 돈을 빌려 유모와 비서까지 두었다. 직장 생활을 할 때 많은 사람들에게 덕을 베풀었던 의붓아버지는 회사가 망한 뒤에도 한동안은 아는 분들의 도움을 얻을 수 있었다.

의붓아버지는 나에게 편지와 명함을 건네주면서 "어느 회사의 누구에게 이걸 전해드려라"라고 하셨다. 그렇게 누군가를 찾아가면 그 사람은 편지 봉투에 돈을 넣어 나에게 돌려주곤 했다. 그러고는 거의가 다 비슷한 이야기를 했다.

"참 좋으신 분이었는데, 곧 재기하셔야지. 가서 힘내시라고 전해드려라."

그렇게 1년을 살아갈 수 있었다는 것 자체가 정말이지 놀라운 일이 아닐 수 없었다. 어느 날은 고급 요릿집에 가기도 했다. 나는 속으로 '도대체 돈이 어디서 나서서 이런 비싼 음식점에 오는 것일까?' 하고 궁금해하기도 했다. 호기롭게 종업원들의 인사를 받은 의붓아버지는 실컷 먹으라며 온갖 맛있는 음식을 시켜주곤 했다. 식사를 마친 후 의붓아버지가 식당 주인을 만나 몇 마디 소곤대면 우리는 음식값을 계산하지 않고도 안녕히 가시라는 주인의 환대를 받으며 식당을 나올 수 있었다. 나중에 알고 보니 그 식당은 의붓아버지가 맥주 회사에 다닐 때 맥주를 외상으로 주문했던 곳이었다. 비록 회사는 부도가 났지만 외상값이 남아 있으니 음식으로 그 외상값을 벌충한 것이었다.

하지만 그렇게 살아가는 것에도 한계가 있었다. 찾아가 돈을 얻을 수 있는 사람이 점점 줄어들면서 여관비가 한 달 두 달 밀리기 시작했다. 그러자 여관 주인도 참을 수 없었던지 이렇게 말했다.

"사장님, 예전에는 정말로 존경했는데……. 정말 이러실 겁니까. 아무리 어렵다고 해도 숙박비는 해결하셔야죠."

한때 잘나가던 맥주 회사의 임원이 듣는 말치고는 꽤 치욕적인 것이었다. 그러나 의붓아버지가 그 모든 수모를 이겨낼 수 있었던 것은 재기할 수 있다는 강한 믿음 덕분이었다. 어머니 역시 의붓아버지를 믿고 있었지만, 팍팍한 현실은 서서히 어머니를 옥죄어가고 있었다. 그때 내 나이는 17살이었다. 이미 다 자란 고등학생이었으니 모든 일에 내 나름대로의 판단을 내리고 있었다.

집안이 가난하다고 꿈까지 포기할 수는 없었다. 그때부터 나는 힘 있는 판검사가 되고 싶었다. 판검사가 되어 가난한 집안을 일으키고, 어머니를 호강시켜드리고 싶었던 것이다. 나는 여관방에 틀어박혀 법률 문장을 외우는 것으로 하루를 보내고 있었다. 형법과 민법 등을 공부하며 사법고시를 준비하고 있었던 것이다. 나의 목표는 스무 살 이전에 사법고시를 통과하는 것이었다. 그러고는 세상 사람들 앞에 자랑스럽게 나서고 싶었다. 그러나 의붓아버지는 그런 나의 모습이 무척이나 못마땅했던 것 같다.

"어린놈이 무슨 법 공부를 해!"

사업 실패로 인한 오랜 좌절과 초라한 자신에 대한 열등감 때문에 술에 의존해 현실의 고통을 이겨내던 의붓아버지는 점차 변해가고 있었다. 예전의 그 예의 바르고 매너 있던 사업가의 모습은 더 이상 남아 있지 않았다. 어느덧 의붓아버지는 불량스럽고 천박해져 있었다. 환경은 사람을 품격 있게 만들기도 하고 천박하게 만들기도 한다. 나를 무시하는 듯한 말을 듣는 순간 그동안 쌓여 있었던 의붓아버지에 대한 불만이 폭발했다. 나는 속으로 '조만간 의붓아버지는 완전히 망하고 말 거야. 아무래도 내 살길을 찾아 떠나야겠어'라고 생각했다.

의붓아버지나 어머니의 몰락은 스스로 자초한 것이었지만, 그 때문에 엉뚱하게 피해를 보는 사람들이 있었으니 바로 비서와 유모였다. 1년 동안 돈 한 푼 받지 못하고 그저 먹여주고 재워주는 것에 만족해야 했던 그들이었다. 이제 곧 우리 집안은 파산의 끝을 향해 치달을 것이고, 아무 것도 모르는 저들은 그제야 자신의 주인과 그 주인을 믿었던 자신을 자책할 것이다.

어느 날, 태어나 처음으로 어머니에게 '조언'이라는 것을 했다.

"어머니, 이제 비서와 유모를 돌려보내시죠. 이건 말이 안 됩니다. 이건 인간의 도리가 아니에요."

법률 공부를 너무 일찍 시작해서 조숙해진 탓일까, 아니면 사안의 심각성을 강조하기 위해서였을까. 나는 '인간의 도리'를 운운함으로써 가난에 지쳐 있던 어머니의 신경을 건드리고 말았다. 물론 어머니도 그걸 모를 리 없었다. 그러나 갑작스러운 부도와 가난, 그리고 그로 인한 정신적인 스트레스로 어머니는 극도로 날카로워져 있었다. 그 때문에 나의 '조언'은 어머니의 화를 돋우고 말았다. 어머니의 흥분은 상상을 초월했다. 이제껏 어머니가 그렇게 행동하는 것을 단 한 번도 본 적이 없었다. 어머니가 들고 있던 숟가락을 집어 던지는 바람에 밥그릇이 뒤집혔다. 어머니는 자신의 불행했던 삶 전체를 토로하는 듯한 비명을 내지르셨다.

"알아, 나도 안다고! 그런데 어떻게 해야 할지 모르겠어! 나도 내가 왜 이렇게 살아야 하는지 모르겠다고!"

어머니가 그렇게 슬프게 우는 모습은 난생처음 보았다. 자신도 어떻게 할 수 없는 상황에 대한 분노와 아픔이 한꺼번에 쏟아져 나온 것이었다. 어머니의 눈물은 쉽게 그치지 않았다. 그리고 자신에 대한 한탄은 어느덧 자식에 대한 미안함으로 변해 있었다.

"나에겐 너밖에 없었다. 너 하나 잘 키우려고 이렇게 고생한 거야. 그런데 이제 그게 잘 안된다. 아무리 해도 안 돼. 그래서 그게 더 슬프다……."

어머니의 울부짖음에 나의 가슴은 찢어지는 듯했다. 어쩌면 나 때문에 어머니가 이렇게 슬프게 살아가시는 건 아닌가 하는 생각이 들었다.

나는 그날 밤, 어머니와 의붓아버지를 떠나기로 결심했

다. 그 우중충한 여관에서는 더 이상 미래를 꿈꾸기도 힘들었고, 나 때문에 불쌍한 어머니만 더 힘들어지는 것 같아서였다. 반드시 어머니를 호강시켜드리겠다고, 반드시 성공해서 돌아오겠다고 나는 결심했다. 비록 지금은 헤어지지만, 나중에는 어머니도 오늘의 이별을 행운으로 여기실 것이라 생각했다. 어머니가 진정되어갈 즈음, 나는 잠시 밖에 다녀오겠다며 여관방을 나왔다. 그리고 여관 앞에서 어머니를 향해 큰 절을 올렸다. 뒤돌아서는 내 눈에서 어느덧 눈물이 흐르고 있었다.

슬픈 매혈의 기억

어머니를 떠나온 뒤, 나는 질풍과 같은 청소년기를 거치면서 출가의 길로 들어서게 되었다. 따듯하고 포근했던 어머니의 품을 떠난 바로 그 순간부터 불안정하고 예민하고 격정적인 심리상태가 되어 거침없는 시절을 살아간 것이다.

여관을 나온 뒤 그 길로 곧장 부산 광복동의 고모집으로 내려갔다. 고모부는 대학까지 나온 엘리트로 사업체만 해도 여러 개를 가지고 있었다. 고모부는 방직공장도 가지고 있었고 무역업 등 여러 사업에도 손을 대고 있었다. 그래서 나 하나쯤은 얹혀살아도 괜찮을 것 같았다. 나는 간간이 어머니를 통해서 고모 이야기를 듣고 있었고 고모가 어디쯤 사는지도 대략 알고 있었다. 낯선 부산의 광복동에서 물어물어 겨우 고모의 집을 찾을 수 있었다. 고모집으로 들어서자 고모와 함께 사시던 친할머니가 나를 보고 먼저 놀라셨다.

"네가 어디 있는지도 모르고 살았는데, 오늘에야 널 만나는구나. 네가 없어서 우리 집안의 대가 끊기는 줄 알았다. 이제 됐구나, 이젠 됐어."

나는 종손이었다. 그러니까 아버지가 돌아가신 후 어머니가 나를 데리고 떠나는 바람에 나의 친가 입장에서는 집안의 대가 끊겼던 것이다. 그렇게 오랜 세월이 훌쩍 지나서야 다시 장손을 만났으니 할머니의 감격은 이루 말할 수 없었을 것이다. 나로서는 지긋지긋한 여관 생활의 종말이자 새로운 생활의 시작이었다.

고모는 내가 공부를 계속할 수 있게 배려했고 나 역시 공부에 몰두했다. 무엇보다 고시공부를 방해받지 않고 할 수 있다는 것이 큰 즐거움이었다. 고모나 고모부는 판검사의 꿈을 가진 나를 격려해주셨고 덕분에 나는 한껏 고무되어 있었다. 그럼에도 불구하고 늘 어머니의 얼굴이 내 머릿속에서 떠나지 않았다. 하지만 그리움이 간절하면 간절할수록 공부에 대한 집중력도 높아졌다. 성공해서 꼭 어머니를 모시고 살아야 한다는 생각이 더욱 강해졌기 때문이다.

그러나 다소 행복했던 시기도 오래가지 않았다. 고모와 고모부의 사이가 나빠지면서 고모집에 머무는 것이 괴로워졌다. 결국 나는 그곳에 오래 머무르지 못하고 다른 친척 집을 전전할 수밖에 없었다. 하지만 나를 반겨주는 곳은 없었다. 누구나 살기 힘들 때였기 때문에 아무리 친척이라도 오랫동안 숙식을 제공하며 호의를 베풀 수는 없었던 것이다.

결국 나는 대구로 내려갔다. 하지만 그곳에는 아무런 피붙이도 없었다. 대구로 내려간 유일한 이유는 '대구 사람들은 인심이 좋다'는 이야기를 어디선가 들었기 때문이었다. 지금 생각하면 참 무모한 행동이었다. 완행열차를 타고 대구역에 내렸지만 갈 데가 없었다. 참으로 황량하고 쓸쓸했다. 당장 잠잘 곳이 급했다. 1천 원짜리 여관방이 있긴 했는데, 가진 돈이라고는 달랑 500원뿐이었으니 그곳에 가는 것도 불가능했다. 하지만 무작정 여인숙을 찾아가 기웃거렸더니 수레를 챙겨 여인숙을 나서던 군밤장수가 발걸음을 멈추고 나를 쳐다보는 것이었다. 그는 그 여인숙에서 지내면서 장사를 하는 것 같았다. 여인숙 앞을 기웃거리는 내가 이상하게 생각되었던지 그가 먼저 말을 붙였다.

"여긴 어떻게 왔니?"

"그냥 서울에서 무작정 내려왔는데 갈 데가 없어요."

"나랑 똑같구나. 나도 예전에 그랬지."

귀가 솔깃했다.

"근데 아저씨는 어떻게 군밤장수를 하시게 됐어요?"

"처음에는 돈이 없어서 피를 팔았어. 300그램을 뽑으면 3천 원을 주거든. 그 돈으로 장사 시작해서 이제 어느 정도 끼니는 때우고 있어."

군밤장수가 한없이 부러웠다. 그도 처음에는 나와 비슷한 처지였다고 하니 나도 저 사람처럼 뭔가 장사라도 할 수 있지 않을까 하는 기대감이 생겼다. 또 피를 팔면 장사 밑천을 마련할 수 있다는 새로운 사실도 알게 되었다.

"그 병원이 어디예요?"

나는 군밤장수가 알려준 병원으로 터벅터벅 걸어가기 시작했다.

당시에는 매혈을 하는 것이 좋은 것인지, 나쁜 것인지조차도 몰랐다. 당장 돈이 필요했고 무언가 장사라도 해야 먹고 살 수 있다는 생각밖에 안 들었다. 그런 나에게 매혈은 생존을 위한 유일한 방법이었다.

그러나 서러움마저 없었던 것은 아니었다. 예전 같으면 어머니가 따뜻하게 밥상을 차려주셨을 텐데, 이제부터는 내 힘으로 내 밥그릇을 챙겨야 했다. 나를 도와주고 보살펴줄 사람이 없다는 쓸쓸함에 서러움이 밀려왔다.

그 슬픈 매혈의 기억 속에서 어머니는 세상의 그 무엇보다 그립고 따뜻한 존재였다. 그러나 보고 싶은 내 어머니를 이제는 만날 수 없었고, 나는 어떻게든 홀로 세상을 헤쳐 나가야 했다. 하지만 그때까지만 해도 나는 어머니를 떠나온 것을 후회하지는 않았다. 반드시 성공해서 어머니를 다시 모실 수 있을 것이라 생각했기 때문이다.

세상에서 제일 착한 사람

 병원에 도착해서 사정을 이야기했더니 의사가 청진기를 몸 이곳저곳에 대보고 소변검사도 하더니 고개를 슬며시 흔들었다.
 "건강상태가 안 좋아서 피를 못 뽑겠다. 그냥 가거라. 영양상태가 좋지 않아서 피를 많이 뽑으면 위험해질 수도 있어."
 하지만 나는 물러설 수 없었다. 어린 나이에 어떻게 그럴 수 있었는지 모르겠지만, 나는 절박한 심정으로 의사를 설득하기 시작했다. 하지만 의사에게 그것은 '설득'이라기보다는 어린아이의 '투정'으로 들렸을 것이다. 결국 의사는 100그램의 피를 뽑은 다음 3천 원을 쥐어주었다. 다른 사람보다 3배나 더 준 것이었다.
 장사 밑천이 생기자 어떤 장사를 할지가 고민이었다. 여인숙 근처를 한바퀴 휘 둘러보니 빵 장사가 없었다. 서둘러 빵과 모판을 산 후 대구역 앞에서 빵을 팔기 시작했다. 하나라도 더 팔아야 한다는 생각에 목청 높여 소리도 지르고 빵을 사준 손님에게는 세 번, 네 번 연신 절을 하기도 했다. 그렇게 하루에 빵을 서너 개씩을 팔아가며 겨우 숙박비를 마련하고 배고픔을 면할 수 있었다.

낯선 타지에서 장사를 한다는 것이 그리 호락호락한 일만은 아니었다. 특히 동네 깡패들의 텃세는 참기 힘들 정도였다. 한 번은 동네 깡패들이 우르르 몰려오더니 난데없이 빵을 집어먹고 그냥 가려는 것이다. 가만히 있을 수가 없었다. 내 피를 팔아서 마련한 돈벌이가 그렇게 무너지는 걸 보고 있을 수 없었다. 때로 주먹다짐을 하기도 하고 때로 욕을 하기도 했지만 언제나 결론은 나의 패배였다. 싸움질로 단련된 녀석들의 재빠른 공격을 피하기는 힘들었다. 그들은 나를 흠씬 두들겨 팬 뒤 장사를 하려면 자릿세를 내라는 경고를 하고 떠나갔다. 세상의 냉정함과 비정함, 그리고 슬픈 내 처지를 깨닫는 순간이었다.

그렇게 한국 전쟁 후의 혼란 속에서 나는 예전에는 단 한 번도 상상하지 못했던 거리의 부랑아가 되어가고 있었고 가슴에는 분노와 적개심이 쌓여가고 있었다. 비루하고 처절한 시절을 보내던 나는 복수를 생각했다. 판검사가 되어 쓰레기 같은 사람들을 응징하겠다는 복수의 마음을 가지게 된 것이다. 그러나 그 복수라는 것이 단지 악의적인 복수를 의미하는 것만은 아니었다. 복수의 한편에는 나처럼 불쌍한 아이들과 소외받는 사람을 위해서 노력하는 정의로운 사람이 되고 싶다는 생각도 강했다. 그러나 판검사가 되겠다는 생각은 희망이었을 뿐 그것을 이루어낼 수 있는 현실적인 지원은 없었다. 부랑에 가까운 세월이 계속되면서 나는 판검사의 꿈이 이루어질 수 없을 것이라는 사실을 느끼고 차츰 새로운 꿈을 품기 시작했다.

그것은 아이러니하게도 권력을 통해 누군가에게 복수하는 것이 아니라 오히려 세상에서 가장 선한 사람이 되어서 복수를 하겠다는 것으로 변했다. 순간적인 분노에 의한 복수는 또 다른 복수를 낳지만, 세상에서 가장 선한 사람이 되어 다른 사람의 악행까지도 다 감싸 안아버린다면 그것이야말로 악순환이 없는 궁극의 복수가 아닐까 하고 생각했던 것이다.

지금 되돌아보면, 내가 스님이 될 운명이었기에 이런 생각이 든 것은 아닐까 싶다. 또래보다 성숙했던 나는 꽤 어른스러운 생각을 많이 했다. 어쩌면 부랑아와 같이 고생을 하며 떠돌던 시절이 어린 나이에는 어울리지 않는 성숙함을 가져다주었는지도 모를 일이다.

그렇다면 세상에서 가장 선한 사람은 누구인가? 바로 스님이었다. 어릴 때부터 나는 어머니를 따라 자주 절에 가곤 했다. 법문이 뭔지, 예불이 뭔지 도통 몰랐지만 그 아늑하고 편안한 분위기만큼은 아주 익숙해져 있었다. 스님을 보고 어머니는 아버지라고 불렀고, 나는 할아버지라고 불렀다. 이러한 원초적인 경험은 커서도 내 정서에 그대로 남아 있었다. 내 기억에 스님은 타인을 괴롭히지 않는 가장 선한 사람이었다. 엉뚱하게도, 하지만 지금 생각해보면 지혜롭게도 나는 복수와 응징을 하고자 하는 분노의 마음을 접고 보다 고차원적인 '멋진 복수'를 위해 선(善)을 선택했다.

나는 빵 장사는 그만두고, 길거리에서 스님과 부딪히길 기다렸다. 스님이 되려면 당연히 절로 가야 했지만 대구의 지리는 잘 몰랐기 때문에 차라리 길거리에서 지나가는 스님을 기다리기로 했다. 그들이 나에게 스님이 될 수 있는 방법을 알려줄 수 있을 거라 생각했기 때문이다.

그렇게 스님을 기다리며 이틀 정도 헤매고 있는데 문득 승복을 입은 한 여자가 눈에 띄었다. 스님이 뭔지, 보살과 행자가 뭔지도 몰랐던 나는 무작정 그녀를 '스님'이라 부르며 떼를 썼다.

"스님!"

그녀는 나를 보고 빙긋이 웃었다.

"저는 스님이 아니고 보살입니다."

"어쨌든 승복을 입고 계시잖아요. 저는 스님이 되려고 합니다. 저를 절에 좀 데려다 주십시오."

그녀는 불심이 매우 깊은 듯했다. 아니면 '인연'이라는 것의 큰 힘을 믿고 있었을지도 모른다. 길거리를 떠도는 후줄근한 소년의 부탁쯤이야 한마디로 무시할 수도 있었을 텐데 그녀는 그러지 않았다.

"그러시죠. 그럼 제가 동화사로 안내하겠습니다."

어린 나에게도 깍듯이 존댓말을 쓰는 그분을 보며 나는 스님들에게 더욱 큰 믿음을 갖게 되었다. 그녀와 한참 산 위를 올라가는데 저편에서 진짜 스님 같은 사람들이 내려오고 있었다. 나를 데리고 가던 보살은 그 스님들에게 합장을 하며 인사했다. 스님들이 나를 보며 의아해했다.

"저 학생은 누군가요?"

"스님이 되겠다고 합니다. 행자로 좀 받아주실 수 있겠습니까?"

스님들은 난감한 표정을 지었다.

"요즘 양식 때문에 더 이상 행자를 받을 수가 없는데요……. 해인사로 가보는 게 어떻습니까?"

약간은 실망스러웠지만 '해인사'로 가면 된다는 사실을 안 것만으로도 다행이었다. 보살에게 해인사 가는 길을 자세히 들은 뒤 고맙다는 인사를 하고 헤어졌다. 한줄기 희망을 가진 나는 다시 여인숙으로 향했다.

'내일이면 스님이 될 수 있겠구나, 세상에서 제일 착한 사람이 될 수 있겠구나.'

해인사 가는 길

그날 여인숙으로 향하다가 요즘말로 하면 '호객꾼'이라

불리는 어린아이를 만났다. 당시에는 부모를 잃은 어린아이들을 호객꾼으로 고용하여 손님을 데려오면 얼마간 돈을 떼어주는 장사치들이 많았다. 나를 '형'이라 부르며 따라오는 그 아이가 귀엽기도 하고 애처롭기도 하여 나는 선뜻 그 애를 여인숙으로 데려왔다.

아이는 전쟁 중에 부모를 잃은 이른바 '전쟁고아'였다. 제대로 씻지도 못한 까만 얼굴에 때 묻은 손톱이 안쓰러웠다. 이런저런 이야기를 나누다가 아이가 문득 공부를 더 하고 싶다는 말을 했다. 그 순간 나는 나도 모르게 엄청난 말을 하고 말았다.

"내가 공부시켜줄 테니까, 나 따라 갈래?"

나는 그 아이를 절에 데려갈 생각이었다. 이렇게 거리를 헤매는 것보다는 그게 낫지 않겠느냐는 생각도 들었고, 내가 스님이 되면 저 아이쯤이야 공부를 시킬 수 있지 않을까 하는 생각도 들었기 때문이었다.

다음날 나는 아이와 함께 해인사로 향했다. 해인사 가는 길은 멀고도 험했다. 아이는 해인사라는 곳이 무슨 학교라도 되는 줄 알고 열심히 따라왔다. 하루 종일 걷고 때로는 차를 얻어 타기도 하면서 고령재에 도착했다. 그곳은 해인사로 가기 위해 반드시 넘어야 하는 고개였다. 어느덧 어스름한 저녁이라 고령재를 넘는 건 무리였다. 혹시라도 길을 잃으면 큰 낭패가 아닐 수 없었다. 주변에 여인숙도 없어 어떻게 해야 할지 고민하고 있는데 마침 자전거를 탄 남자가 다가와 무슨 일이냐고 물었다. 사정을 이야기했더니 파출소를 알려주며 그곳에서 하룻밤을 묵으라고 했다. 그러고는 종이에 뭔가를 쓰더니 파출소 순경들에게 보여주라며 건네주었다. 인근 파출소에 도착해 그 남자가 건네준 종이를 내밀자 순경이 미소를 지으며 우리를 숙직실로 데려갔다. 파출소 숙직실에서 우리는 지쳐 있던 몸을 녹였다.

"밥은 먹었니?"

우리가 고개를 설레설레 흔들자 그 순경은 어디론가 전화를 했고 잠시 후 순경의 아내로 보이는 여자가 커다란 냄비에 죽을 쑤어왔다. 우리가 냄비 하나를 다 비우고도 허기진 표정을 짓자 순경은 아내에게 죽을 더 쑤어오게 했다. 스님이 되기 위해 해인사로 들어가던 가난한 두 아이도 그날만큼은 실컷 포식을 하게 된 것이었다.

다음날 아침 순경은 고령재를 넘어가는 트럭을 잡아주었다. 덕분에 재를 넘는 20리 길을 편안히 차를 타고 갈 수 있었다. 그리고 마침내 우리는 해인사에 도착했다. 가슴이 두근거렸다. 과연 내가 스님이 될 수 있을까, 세상에서 가장 착한 사람이 될 수 있을까 하는 의문이 스쳐갔다. 우선 아이는 밖에서 기다리게 하고 나 혼자 해인사로 들어갔다. 나는 아무나 눈에 보이는 스님을 붙잡고 이야기를 했다.

"저, 스님이 되려고 합니다."

"그래? 스님이 되고 싶다고? 큰 스님의 허락이 있어야 하는데, 여기도 양식이 넉넉지 않아서……."

나는 큰 스님 앞에 불려갔다. 그분은 훗날 대한불교 조계종 종단의 제2대 종정을 지낸 이청담 스님이셨다.

"뭐 하러 이 산중에 왔는고?"

"스님이 되려고 왔습니다."

"스님이 뭔 줄 알고?"

이 질문에 나는 말문이 턱 하고 막혀버렸다. 침묵의 시간이 흘렀다. 이청담 스님이 다시 말씀을 이어가셨다.

"그걸 알아야 스님으로 만들어줄 수 있다. 네가 이 산중까지 올 때에는 뭔가 생각한 바가 있을 게 아니냐. 네가 어려서부터 중이 되려고 한 건 아닐 테고, 처음에는 공부를 해서 뭔가 크게 되고 싶었을 텐데……. 그 생각이 바뀐 이유가 무엇인지 설명해보거라."

나는 잠시 머뭇거리다가 나의 생각을 있는 그대로 말했다.

"처음에는 판검사가 되어 세상에 복수를 하고 싶었습니다. 하지만 그런 복수는 또 다른 복수를 낳을 것이기에 차라리 세상에서 가장 선한 사람인 스님이 되고자 했습니다. 저는 스님이 되어 영원한 인생을 찾으려고 합니다. 복수, 죽음, 악이 없는 영원한 인생 말입니다."

큰 스님이 깜짝 놀란 듯 눈을 크게 부릅떴다.

"뭐라고? 다시 한 번 말해봐."

"세상에서 가장 착한 사람, 그리고 죽음이 없는 영원한 인생을 찾고 싶습니다."

"아, 그 영원이라는 소리, 참 좋다. 그럼 내가 너를 스님으로 만들어주마."

큰 스님은 그 자리에서 나를 행자로 받아주시기로 했다.

당시, 스님이 되기 위해 해인사를 찾아온 사람 중 열에 아홉은 퇴짜를 맞았다고 한다. 하지만 나의 대답이 큰 스님의 마음을 울렸는지, 그분은 두말없이 나를 받아주셨다. 하지만 나에게는 한 가지 숙제가 더 있었다. 나와 함께 왔던 그 아이, 오로지 '공부를 시켜주겠다'는 말만 믿고 무작정 나를 따라온 그 녀석을 책임져야 했던 것이다.

"그런데 스님, 하나 더 말씀드릴 게 있습니다. 제가 데리고 온 아이가 있습니다. 그 아이도 함께 있게 해주십시오."

도대체 어떤 아이냐는 질문에 밖으로 나가 멀뚱히 나를 기다리던 아이를 데리고 들어왔다. 큰 스님은 인상을 찌푸리셨다.

"너희들, 장난하러 이곳에 온 것이냐?"

"아닙니다. 어렵게 왔습니다. 꼭 허락해주십시오."

"안 된다. 이 애는 스님이 될 얼굴이 아니야."

큰 스님의 결심은 움직이지 않을 듯했다. 하지만 이 먼 길까지 따라온 아이를 혼자 되돌려 보내고 나만 스님이 될 수는 없었다.

"그럼 저도 가겠습니다. 저 혼자만 남을 수는 없습니다.

우리 둘을 함께 받아주는 절로 가겠습니다."

잠시 망설이던 큰 스님은 "알았다"라며 우리 모두를 받아주셨다. 스님의 허락이 떨어지자 나는 곧바로 삭발을 했다. 길러왔던 머리들이 툭툭 아래로 떨어지는 것을 보니 기분이 묘했다.

스님이 되는 길은 결코 순탄하지 않았다. 나는 정신적으로나 육체적으로 몹시 힘든 행자 시절을 거쳤다. 당시만 해도 불교계는 지금처럼 체계가 잡혀 있지 않아서 '도대체 세상에서 가장 착한 사람이 스님이 맞긴 한 건가?' 하는 의구심이 들 때도 많았다. 때로 환속을 하기도 했고 때로 전국의 암자를 떠돌기도 했다. 당시 나는 부처가 되는 길을 외부에서 찾았다. 점차 나이가 들면서 객관적인 환경보다는 내면의 불심(佛心)이 중요하다는 사실을 깨달았지만, 젊고 혈기 왕성하던 시절에는 사람에 실망하고 환경에 만족하지 못해 많이 방황했다.

스무 살 즈음에도 나는 전국을 떠돌고 있었다. 겉모습은 삭발을 하고 승복을 입은 스님의 모습이었지만 실은 계를 받지 못한 행자 시절이었다. 나는 좋은 수행처를 찾기 위해 걸어서 김천으로 향하고 있었다. 추적추적 내리는 비가 처량하게 느껴졌다. 몹시 배가 고파 밥이라도 얻어먹을 요량으로 근처의 사찰을 물어물어 찾아갔다. 그런데 막상 찾아가보니 사찰이라기보다는 보살이 사는 조그만 암자였다. 나를 보자마자 겸손하게 합장하는 늙은 여보살의 모습이 꽤 단아해보였다. 푸짐하지는 않지만 꿀맛 같은 밥상을 받고 하룻밤 신세까지 졌다. 다음날 아침에도 비는 여전히 내리고 있었다.

"스님, 하룻밤 더 주무시고 가시죠."

"아닙니다. 더 신세를 지고 싶지 않습니다. 그리고 저는 아직 계를 받지 않았기 때문에 스님이 아닙니다."

하지만 보살은 계가 뭔지 잘 모르는 듯했다. 그저 머리를 깎고 승복을 입고 있으니 스님이라 생각하고, 또한 그 스님을 편하게 해주는 것이 보살로서 자신이 할 수 있는 최선이라 여기는 듯했다. 떠나기 전에 그녀가 내게 작은 봉투를 내밀었다.

"이게 뭡니까?"

봉투를 열어보니 돈이 들어 있었다. 많은 액수는 아니었지만 낯선 보살이 주는 돈을 선뜻 받는 것은 도리가 아니었다.

"스님, 꼭 받아주십시오. 제 아들 같아서, 가시다가 식사라도 하시라고 드리는 겁니다."

보살의 입에서 '아들'이라는 말이 나오자 잊고 있었던 어머니 생각이 났다. 우리 어머니는 지금 어디서 무엇을 하고 계실까. 식사는 제대로 하실까. 의붓아버지와는 잘 지내실까. 하지만 대답 없는 질문들은 공허하기만 했다. 부산 검찰청의 한구석에 자리를 잡고 앉아 담배를 팔면서 함께 웃고, 이야기를 나누던 그 시절, 심부름을 하고 돌아오면 어머니는 자리에서 일어나 양팔로 나를 안아주시곤 했다. 어머니의 그 따스한 품이 간절하게 그리웠다. 어머니의 품에서 나던 친근한 냄새와 부드러운 감촉도 떠올랐다. 아마 어머니는 내가 스님이 되었을 거라고는 상상도 하지 못할 것이다. 처음 행자가 되었을 때 나는 밤마다 떠나온 어머니를 추억했다. 초파일이면 남몰래 어머니 이름을 쓴 등을 걸고, 만나고 싶어도 만날 수 없는 어머니를 생각하며 그 행복을 기원했다.

노승의 법어

다시 며칠을 걸어서 김천의 한 포교당에 도착한 나는 일단 내 신분부터 정확하게 밝혔다.

"저는 스님이 아니라, 아직 계를 받지 못한 행자입니다."
"어디로 가십니까?"
"특별히 정해놓은 곳이 없습니다."
"그러면 여기에 있으시겠습니까?"
"아닙니다. 도시의 절은 싫습니다. 산중 절로 가겠습니다."

포교당의 스님은 어떤 이유에서인지는 모르지만 나를 '좋은 행자'라고 부르면서 또 다른 스님에게 소개시켜주었다. 그 스님을 따라간 곳은 바로 김천에서 80킬로미터 정도 떨어져 있는 첩첩산중의 암자, 수도암이었다. 가야산 정상이 눈앞에서 어른거리는 그곳은 최고의 기도처라고 해도 과언이 아닌, 거룩한 도량이었다. 염불하는 사람도 찾아오지 않는, 아니 너무 깊고 무서운 산중이라 아무도 찾아올 수 없는 그런 곳이었다. 밤이 되면 칠흑 같은 어둠이 사방을 뒤덮었다. 빛이라고는 암자의 촛불이 전부였다. 하지만 그러한 적막함이 오히려 나를 강하게 만들었다. 부처님에게 깊은 마음속에서 우러나는 발원을 했다. 세상에서 제일 착한 스님이 되게 해달라고.

나는 그곳에서 참으로 위대한 정신을 가진 고승 한 분을 만날 수 있었다.

함께 생활했던 원주 스님은 늘 양식을 구하기 위해서 밖으로 돌아다녔고 안살림은 내가 맡고 있었다. 그곳에는 죽음을 기다리는 80세의 노스님이 계셨다. 그분은 아침마다 해인사 정상을 바라보며 극락세계로 가기 위한 염불을 외우곤 하셨다. 그분은 너무나 말라서 이미 죽음이 임박한 사람처럼 보였다. 나중에 안 사실이지만 그 노스님은 젊은 시절 해인사 주지까지 지냈던 당대 최고의 스님이셨다. 당시 해인사 주지 자리는 경상남도 도지사 자리와도 바꾸지 않는다는 이야기가 있을 정도였다.

내가 스님에게 해드리는 일은 끼니를 챙겨드리고 가끔 불자들이 가져다놓는 과자나 사탕을 넣어드리는 일이었다. 어느 날 밥상을 들어다드리니 스님께서 잠깐 앉으라고 하셨다. 뭔가 중요한 이야기라도 하시려나 보다 생각했다. 그러나 대뜸 스님은 "여기서 수행하지 말고 장가나 가"라고 하셨다.

뜬금없는 스님의 말에 나는 약간 얼떨떨한 기분을 느꼈다. 아니, 장가를 가라니 이 무슨 엉뚱한 말인가. 매일 염불과 예불을 하며 부처님의 도에 더 가까이 다가가려 애쓰는 사람에게 속세인들처럼 장가를 가라고 하다니, 말이 되는가. 노스님이 가느다란 목소리로 말을 이어갔다.

"나는 스무 살 때에 벌써 도인이라는 소리를 들었어. 그때는 결혼한 대처승이 많았지. 나 좋다고 따라다니는 여자들도 많았는데, 난 수행하려고 장가를 안 갔어. 근데 늙어보니까 이 중노릇도 별것 아니야. 상좌 놈들도 다 도망가고, 늙어서 꼬락서니도 말이 아니고……. 그러니 스님은 장가나 가."

고승이라는 분이 할 소리가 아닌 것 같았다. '나도 늙어서 저런 스님이 되지는 않을까, 아니면 저런 말을 하는 다른 저의가 있는 걸까.' 이런저런 생각을 하는 동안 실망감이 밀려왔다. 그렇게 몇 달이 지난 어느 날 아침 늘 고요하게 울려

어머니, 나의 어머니

퍼지던 노스님의 염불소리가 더 이상 들리지 않았다. 그리고 나는 직감적으로 알아차렸다.

'아, 열반에 드셨구나. 나무아미타불……'

스님의 방문을 열어보았다. 스님은 반듯이 누워서 편안한 얼굴을 하고 계셨다.

내가 스님의 진면목을 알게 된 것은 그렇게 스님께서 열반에 드신 다음이었다. 스님의 다비식이 끝난 후 나는 평소 스님께서 머무시던 방을 정리했다. 노스님의 물건이라고는 신발 한 켤레와 옷 두 벌이 전부였다. '무소유'의 삶을 그보다 더 잘 실천하신 분이 계셨을까. 많은 사람들이 무소유를 외치지만 이 노스님만큼 무소유를 제대로 아는 사람이 있을까. 그렇게 깊은 생각에 잠겨 있는데 문득 방 한구석에 놓여 있는 자루가 하나 눈에 들어왔다. 대체 무슨 물건이 들어 있는 것일까. 호기심에 자루를 열어 보니 사탕과 과자가 쏟아져 나왔다. 그리고 한 통의 편지도 들어 있었다.

"내가 이렇게 사탕과 과자를 모은 이유는 날 시봉하는 행자에게 주기 위해서이다. 나는 자네에게 줄 것이 아무 것도 없네. 논과 밭은 이미 옛날에 팔아버렸네. 내가 저 세상으로

갈 때 자네에게 뭔가 하나라도 주고 싶었는데, 줄 수 있는 게 이것밖에는 없어. 이걸 먹으면서 나의 거추장스러운 뒷정리를 잘 부탁하네."

사탕과 과자를 보며 나를 배려했던 노스님의 너그러운 자비심을 느낄 수 있었다. 하지만 그때까지도 나는 왜 노스님께서 장가를 가라고 했는가 하는 문제는 풀지 못하고 있었다. 그러나 세월이 흐른 뒤 나는 그 해답을 드디어 알아낼 수 있었다. 스님은 실제로 나에게 "스님의 길을 포기하고 장가를 가라"고 하신 게 아니었다. 다만 그분은 우리가 살아가는 세상이 얼마나 허무한가를 법어와 선문답으로 보여주신 것이었다. 그분은 자신의 삶을 예로 들어 보이면서 진정한 불자의 길을 실증하신 것이었다. 스님께서는 무소유의 정신, 그리고 삶의 허무를 통해 어떻게 해야 진실한 불도(佛道)를 추구할 수 있을지를 온몸으로 보여주셨다.

수도암에서의 수행을 통해서 나는 젊은 시절의 혼란과 방황을 끝낼 수 있었다. 이제 더 이상 나의 목표는 '세상에 복수를 하기 위해' 착한 사람이 되는 것이 아니었다. 그것마저도 욕심이라는 것을 깨달았을 때 내 앞에 놓여 있는 것은 오로지 세상의 모든 것을 내려놓고 부처가 되고자 하는 마음, 그리고 부처의 자비심을 세상에 보여주고자 하는 마음뿐이었다.

고맙습니다, 효도할 기회를 주셔서

5년이라는 긴 행자 시절을 거친 후, 나는 낙산사에서 정식으로 계를 받고 스님이 되었다. 그 후 나는 낙산사에서 포교의 일환으로 관광객들에게 불교 유적에 대해 설명하는 일을 시작했다. 그날도 나는 여느 때와 다름없이 관광객들과 함께였다. 그런데 한 여인이 자꾸만 나를 유심히 쳐다보는 게 느껴졌다. 보통 관광객들은 유적을 바라보며 나의 설명에 귀를 기울이는데, 그 여인은 그게 아니었다. 그 여인은 유적이 아닌 나의 얼굴을 바라보고 있었다. 나도 그 여인의 얼굴을 유심히 쳐다보았다. 그런데 그분은 내가 가출한 뒤 찾아갔던 부산 광복동의 고모였다. 순간 몸이 돌처럼 굳어버렸다. 고모도 어리둥절해하며 잠시 멍한 표정이었다. 고모는 내가 스님이 된 줄은 꿈에도 모르고 계셨던 것이다. 나는 담담하게 인사를 건넸고, 고모 역시 합장을 하며 고개를 숙였다. 그러나 시간이 많지 않아 오랜 이야기를 나누지는 못했다.

고모와 헤어지고 얼마 되지 않아 나는 불국사로 가게 되었다. 그리고 그곳에서 처음으로 어머니의 소식을 들을 수 있었다.

한 번은 낙산사에서 함께 지냈던 도반 스님이 일 때문에 불국사를 찾은 적이 있었다. 불국사에 들어서던 스님은 멀리서 나를 알아보고는 손짓을 하며 빠른 걸음으로 다가왔다.

"삼중, 그 소식은 알고 있어?"

"……?"

"자네가 떠난 뒤에 자네 어머님이 찾아왔었어."

나는 깜짝 놀랐다. 어머니가 날 찾아오셨다고? 그것도 낙산사로? 오랫동안 떨어져 있었던 어머니가 날 찾아왔었다는 사실 자체가 신기하게 느껴졌다. 물론 얼마 전 만났던 고모에게 내 이야기를 들으셨을 테지만 말이다.

"자네가 떠난 지 얼마 되지 않았을 때였어. 혼자는 아니고, 애들하고 어떤 남자분도 함께더라구. 고생하며 물어물

어머니, 나의 어머니

어 낙산사까지 오신 것 같았어. 하지만 주지 스님도 자네의 행방을 모르고 계셨으니……. 주지 스님은 자네가 떠난 게 아쉬워 오히려 자네 어머니에게 자네를 찾아달라고 했지. 하지만 그게 쉬운 일인가? 행색이 너무 초라해서 주지 스님은 그분들을 절에 머물게 했지. 아마 한 달 정도 계셨지?"

사실 나는 특별히 행선지를 정하지도 않고 낙산사를 떠났었다. 그리고 불국사로 온 뒤에도 낙산사에 나의 행방을 알리지 않았다. 그러니 주지 스님께서도 내가 어디에 있는지 모르시는 게 당연했다.

그 이야기를 들은 나는 어머니를 만나고 싶다는 그리움보다는 다른 복잡한 생각에 마음이 혼란스러웠다. 혼자도 아니고 전 가족이 함께 찾아왔다면 분명 나에게 몸을 의탁하러 오신 게 틀림없었다. 망해가던 집은 완전히 재기불능의 상태에 빠졌을 것이다. 그래서 오갈 데가 없어진 어머니가 나를 찾아오셨을 것이다. 그동안 연락도 없이 살았지만 나는 어머니의 상황을 대략이나마 짐작할 수 있었다.

불쌍한 어머니. 그렇게 힘들게 사셨구나. 내가 떠나면, 혹처럼 붙어 있던 내가 떠나면 어머니가 좀 편안하실 줄 알았는데. 마음이 답답했다. 그러나 한편으로는 그렇게 힘든 삶을 살아가는 어머니가 원망스러웠다. 그렇게 내 마음을 아프게 하는 어머니가 미웠다.

다시 낙산사로 찾아가 어머니의 연락처를 알아낸 나는 마침내 어머니와 만날 수 있었다. 어머니는 생각보다 훨씬 많이 늙으신 것 같았다. 고생스러운 삶이 가슴의 한이 되고 그 한이 다시 어머니의 몸을 시들게 해, 어머니의 얼굴에는 그렇게도 많은 주름살이 생겨난 것 같았다.

그때부터 어머니의 생계는 내가 책임질 수밖에 없었다. 그러나 스님이란 애초부터 경제적인 부와는 인연이 없는 법이었다. 나 역시 경제적인 여유는 전혀 없었다. 그러나 어머니와 의붓아버지, 그리고 그 사이에서 태어난 어린 동생들은 경제적인 활동을 전혀 할 수 없었고, 그들을 책임질 수 있는 건 이 세상에 오로지 나뿐이었다. 그때부터 나는 때로 돈을 빌리기도 하고, 때로 강연으로 돈을 벌기도 하면서 생활비를 대기 시작했다. 하지만 그건 한두 푼으로 해결되는 문제가 아니었다. 어머니는 돈이 필요할 때마다 나에게 동생을 보내셨다. 어린 동생이 날 찾아와 머리를 긁적이면 그게 바로 돈을 달라는 이야기였다. 매달 생활비를 꼬박꼬박 챙겨드려도 의붓아버지의 사업실패로 엄청난 빚을 진 상태라 이자를 대기에도 벅찬 것 같았다. 그렇게 수년간 어머니를 봉양하면서 나는 서서히 지쳐갔다. 거기다 의붓동생들이 사고라도 치면 그 뒷감당까지 고스란히 내가 해야 했다. 강연으로 간신히 모아놓은 다음달 생활비가 동생들 밑으로 흔적 없이 사라져버리기 일쑤였다.

스님이란 무소유를 실천하며 거침없이 살아가야 하는 사람이다. 그러나 그것을 알면서도 무소유와 거침없는 삶을 실천하지 못하는 것이 괴로웠다. 그런 상황은 스님으로서의 내 정체성을 위협했다. 하루하루 견디기 힘든 생활이 이어졌다. 너무 힘들고 괴로워서 다른 스님에게 속내를 털어놓았다. 눈이 휘둥그레진 스님은 더 이상 길게 말하지도 않았다.

"그렇게 사는 스님이 세상에 어디 있노? 그냥 확 도망가뿌라!"

나도 도망가고 싶었다. 어디 어머니를 잊을 수 있는 곳으로 도망가고 싶었다. 하지만 도망간다고 쉽게 해결될 문제가 아니었다. 세상 끝까지 도망가더라도 내가 짊어져야 할 어머니에 대한 의무감이 나를 따라다닐 것이기 때문이었다. 어머니가 병들어 누워계셨을 때에도 모든 비용을 내가 맡아야 했다. 어느 날 병상에 누운 어머니가 이렇게 말씀하셨다.

"젊을 때 어느 점쟁이가 그러더라구, 내가 늙어서 네 덕에 산다고. 그때는 피식 웃었지 뭐. 내가 무슨 덕을 보겠냐고……."

어머니의 말씀은 단순히 점쟁이의 말을 전하는 것이 아니었다. 그것은 나에 대한 고마움의 표시인 동시에 미안함의 표시였다.

그러나 지금, 나는 오히려 어머니에게 고마움을 전하고 싶다. 그때는 어머니를 많이 원망하기도 했고, 부끄러워하기도 했다. 나에게 큰 짐을 지워준 가난한 어머니가 싫고, 어머니를 싫어하는 내가 또 싫어져 아무 데로나 도망가고 싶었다. 하지만 내가 어머니를 원망하고 있을 때에도 어머니는 나를 위해 늘 기도하고 계셨고, 내가 어머니를 부끄러워하고 있을 때에도 어머니는 마음 깊은 곳에서부터 사랑을 보내고 계셨다. 어머니를 봉양해야 했던 상황만 한탄하고 어머니의 깊은 속내는 읽지 못했던 내 부족함에 깊이 반성

한다. 나처럼, 다른 자식들도 어머니를 원망하고 부끄러워할지 모르겠다. 그러나 돌이켜보면 어머니가 나에게 의지했던 시간들을 나는 오히려 감사해야 했다. 나에게 효도를 할 수 있는 기회를 주심으로써 조금이나마 불효를 덜어낼 수 있게 해주셨기 때문이다.

사랑의 방법

수많은 사람들이 '사랑'을 이야기한다. 친구 간의 사랑, 연인 간의 사랑, 부모자식 간의 사랑……. 그러나 사람들은 '사랑'을 이야기할 뿐 그 '방법'에 대해서는 이야기하지 않는다. 지금 하고 있는 사랑이 영원할 것처럼 말이다. 그러다 사람들은 사랑이 끝난 후에야 후회를 한다. 그 원인이 무엇일까? 그것은 사랑만 생각했지, 그 방법을 고민하지 않아 벌어지는 일이다.

부모자식 간의 사랑은 '천륜'이라고 여겨지기 때문에 그 사랑의 방법을 생각하지 않는 경우가 많다. 그 때문에 현실적으로는 부모자식 간에 미움과 원망이 더 많이 쌓이기도 한다. 끊을 수 있는 사랑이라면 끊어버리면 그만이고, 잊을 수 있는 관계라면 잊어버리면 속 편하겠지만, 부모와 자식의 관계는 끊어버릴 수도, 잊어버릴 수도 없기에 더욱 힘든 것이다.

사랑은 만남에서부터 시작된다. 산다는 것은 만남의 연속이다. 태어나면서 부모를 만나고 친구를 만나고 연인을 만나고 배우자를 만난다. 자식을 낳는 것도 새로운 만남이다. 그리고 만남에는 '주고받음'이 있기 마련이다. 그것이 물질적인 것이든, 정신적인 것이든, 만남은 그러한 주고받음을 밑바탕에 깔고 있다. 흔히들 말하는 '배신'이란 이러한 주고받음 속에서 뭔가 불평등한 것이 형성되었음을 의미한다.

'내가 저 사람에게 얼마나 잘해줬는데, 이렇게 배신을 해?'

'내가 자식에게 얼마나 많은 공을 들였는데, 날 푸대접하다니!'

'내가 어머니에게 얼마나 효도를 다 했는데, 그걸 몰라주시다니!'

이러한 비참한 배신감은 인간관계를 단절시키고 미움을 낳고 결국 상처를 남기기 마련이다. 만약 사람이 배신감을 느끼지 않는다면, 사랑은 쉽사리 끝나지 않는다. 살면서 수많은 사람들과 관계를 맺으면서도 배신을 당하지 않을 방법이 있을까? 있다. 상대가 배신을 계획했더라도 나만 배신을 '당하지 않으면' 문제는 해결된다. 이 말은 꽤 모순적으로 들릴지 모른다. 하지만 배신을 당하지 않는 법은 의외로 간단하고 쉽다. 내가 남에게 베풀었던 사랑과 선행을 모조리 잊어버리는 것이다. 마음속으로 계산을 하면서 뭔가를 주려면 아예 주지 말라. 그러니까 상대에게 무언가를 주었다 해도, 그가 그것을 갚으리라는 기대를 하지 않으면 되는 것이다.

배신감이란 자신의 기대가 충족되지 않았을 때 생긴다. 내가 너에게 이렇게 해주었으니, 너도 나에게 이렇게 해주길 기대했는데, 그 기대가 채워지지 않으니 그것을 '배신'이라 부르고 가슴 아파하는 것이다. 대개 상대가 나에게 해준 것은 잘 잊어버리지만, 내가 상대에게 해준 것은 이자까지 합산해 가슴 깊이 쌓아둔다. 그러고서는 상대가 자신의 기대에 어긋나는 행동을 할 경우 곧바로 쌓아둔 원금에 이자까지 합산해 화를 내는 것이다.

사랑하는 대상에게 사랑을 주고, 불쌍한 사람에게 선행을 하면서도 그 사실 자체를 잊어버린다면, 우리는 죽을 때까지 배신을 당하지 않는다.

여기에 자신의 선행을 절대 기억하지 않은, 한 스님의 이야기가 있다. 우리는 이 스님의 이야기로부터 사랑의 방법, 그리고 선행의 기술에 대한 구체적인 교훈을 얻을 수 있을 것이다.

불국사 주지를 지냈던 석주 큰 스님은 자신의 방문을 잠가두지 않는 걸로 유명했다. 큰 스님은 누구든지 자신을 찾아와 이야기를 나눌 수 있다는 의미에서 방문을 잠그지 않으셨다. 그것은 귀한 사람이든, 천한 사람이든, 똑같은 평상심으로 대하겠다는 의지의 표현이기도 했다.

한 번은 출소자와 함께 생활을 한 적이 있었다. 성실한 그는 교도소에 있을 때 이미 모 대학의 불교학과에 합격한 사람이었다. 강도전과자였던 그는 자신의 죄를 진정으로 참회하고 수형 생활도 모범적으로 한 덕분에 예정보다 일찍 가

석방되었다. 수행과 공부를 병행하던 그는 어머니가 병원에 입원하여 돈이 몹시 필요했던 모양이었다. 나에게 달라고 하면 되었을 것을, 그는 안면이 있던 석주 스님을 기어이 찾아갔다. 돈 10만 원을 빌리기 위해서였다. 석주 스님에게 다녀온 그는 놀라는 표정으로 이야기했다.

"죄송합니다. 석주 스님에게 돈을 좀 빌리러 갔습니다. 그런데 스님은 참으로 큰 도인이시더군요."

"그게 무슨 말이냐?"

"10만 원만 빌려달라고 했는데 100만 원을 빌려주셨어요."

"돈을 많이 빌려주면 다 도인이더냐."

내게 말도 하지 않고 큰 스님에게 돈을 빌린 게 괘씸해 한참을 혼냈더니 슬그머니 큰 스님에게 죄송한 마음이 들었다. 나는 사죄를 하러 큰 스님을 찾아갔다.

"모든 게 다 제 잘못입니다."

"뭐가?"

"저랑 함께 있던 출소자가 스님에게 돈 100만 원을 빌려갔다면서요."

"으응? 모르겠는데?"

나이를 많이 잡수셔서 기억력이 떨어지신 건가? 아니면 그 사람이 나에게 빌리지도 않은 돈을 빌렸다고 거짓말을 한 건가? 하지만 그런 거짓말을 할 이유는 없었다.

"잘 좀 생각해보세요. 얼마 전에 100만 원을 빌려주셨다면서요."

"난 통 모르는 이야기인데……."

도대체 나도 갈피가 잡히지 않아 잠시 멍하니 앉아 있었다. 잠시 후 스님이 이렇게 말씀하셨다.

"아! 얼마 전에 누가 찾아왔길래, 봉투를 줬지. 이제 기억이 나네. 그런데 그게 100만 원이래?"

"예, 분명히 100만 원이랍니다."

"어떤 신도가 나에게 봉투를 하나 줬거든. 난 그냥 그걸 준 거야. 그런데 그게 그 봉투였나?"

석주 스님은 누군가 준 돈 봉투를 열어보지도 않았을 뿐 아니라 누군가에게 돈을 주고도 그 사실조차 잊어버리고 있었던 것이다. 아마 그 출소자가 나중에 돈을 갚지 않았더라도 석주 스님은 아무 원한도 품지 않았을 것이다. 사람들은 다른 사람이 빌려간 돈을 갚지 않으면 '사기'라고 분노하고 '배신'이라고 분개하겠지만, 돈을 빌려준 것 자체를 잊어버렸던 석주 스님에게는 '사기'도, '배신'도 있을 리 없었다.

사랑 역시 아무 것도 기대하지도, 바라지도 않을 때 온전히 완성될 수 있는 것이다. 사랑을 위한 망각은 즐거운 것이다. 우리가 다른 사람에게 해준 일을 잊어버려야만 배신도, 분노도 생기지 않는다.

사랑에도 방법이 필요하다. 자신의 사랑에 대해 아무런 대가도 바라지 않고, 어떠한 반사이익도 기대하지 않아야만, 진정한 사랑이라 할 수 있다. 내가 이러한 사실을 깨닫기까지 오랜 시간이 흘러야 했다. 나는 어머니를 사랑했지만 어떻게 사랑해야 할지 몰랐다. 어머니가 우리에게 주는 것은 늘 '대가 없는 사랑'이다. 사랑을 배우려면 어머니에게 배우면 된다. 어머니의 사랑이 바로 가장 진실한 사랑이기 때문이다.

II. 내가 만난 어머니들

자식을 죄인으로 만든 죄

"어머니는 여자보다 강하다"는 말이 있다. 어머니의 강인함을 표현하는 말이지만 실제로 교화 현장에서 내가 체험한 어머니의 강인함은 이 말로도 결코 표현할 수 없는 것이었다. 자식을 향한 조건 없는 지지 그리고 자신의 목숨마저 버릴 수 있는 애정은 그 누구도 흉내 낼 수 없는 진실한 사랑 그 자체임에 틀림없다. 그러기에 어머니의 마음은 불가능이 없는 에너지이다. 그것은 퍼내도 퍼내도 끝없이 솟아나는, 고갈되지 않는 무한한 에너지이다. 내가 수많은 사형수들을 위해서 일을 할 수 있었던 힘의 원천 역시 사형수 어머니들의 마음에서 솟아난 것이었다.

특히 사형수 양정수(가명)의 어머니를 만남으로써 나는 본격적으로 사형수 교화에 뛰어들 결심을 할 수 있었다. 나는 그때 처음으로 어머니가 가지고 있는 에너지를 온몸으로 느낄 수 있었다. 나는, 자식을 위해 아낌없이 자신의 목숨을 내놓을 수 있는 어머니의 숭고함에서 물러서지 않는 의지를 배웠다.

살인, 강도상해, 강간이라는 씻을 수 없는 범죄를 저지르고 사형수가 된 양정수는 어려서부터 체력이 약해 친구들에게 놀림을 많이 받았을 뿐 아니라 자라면서 뇌까지 다쳐 약간의 정신이상 증세까지 겪었다. 또래 집단으로부터의 '왕따' 경험은 세상에 대한 적개심으로 변해 그의 마음속에 쌓여갔고, 결국 폭력적이었던 내면의 의식은 살인이라는 씻을 수 없는 범죄로 이어졌다.

내가 그를 만나게 된 것은 또 다른 사형수 방영근(가명)과의 인연 덕분이었다. 처음으로 교도소 교화위원이 되어 교도소를 오가던 시절에 만난 사형수 방영근. 그는 죽기 전에 자신의 어머니를 꼭 한 번 만나보고 싶다고 했다. 어릴 때 어쩔 수 없이 헤어진 어머니를 지금이라도 만나 손이라도 한 번 잡아본 후 사형대에 서고 싶다는 것이 그의 간절한 바람이었다. 그러나 어린 시절 헤어진 어머니를 찾는 건 결코 쉽지 않은 일이었다. 막연한 단서만 가지고 전국을 헤맸지만 결실은 없었다. 몇 개월간의 노력이 수포로 돌아갔고 결국 나는 방영근을 찾아가 그 사실을 전했다. 그러나 그는 덤덤한 표정으로 그 사실을 받아들이고는 또 다른 사형수 양정수에 대한 이야기를 해주었다.

"저는 어머니를 못 찾았지만 양정수에게는 어머니가 있습니다. 꼭 한 번만 만나주십시오. 그분이 제발 마음을 잡고 고향으로 내려갈 수 있도록 도와주세요. 그렇지 않으면 그분은 곧 돌아가시고 말 겁니다."

면회시간이 짧아 자세한 이야기를 듣지는 못했다. 그저 양정수라는 사형수 때문에 그 어머니마저 죽게 생겼으니 불상사를 막아달라는 것이었다. 우선 나는 양정수를 만나 도대체 무슨 사연인지를 물었지만 그는 쉽사리 입을 열지 않았다. 얼굴에 새겨진 깊은 수심을 보면 분명 뭔가 있는 것 같기는 한데 도통 입을 열지 않으니 알 도리가 없었다. 그의 마음에는 여전히 적개심과 분노가 쌓여 있어서, 낯선 사람에게는 쉽게 마음의 문을 열지 않는 것 같았다.

나는 일단 그의 어머니를 만나보기로 했다. 유난히도 추웠던 1월 어느 날, 나는 양정수의 어머니를 찾아갔다. 다행히 거처가 교도소 근처에 있어서 교화를 마치고 나오는 길에 쉽게 들를 수 있었다.

80세 노모의 얼굴에는 고난의 흔적이 역력했다. 마음고생도 심했던지 눈빛은 무척이나 지쳐 있었다. 나에게 합장을 하는 걸로 봐서 불자라는 사실을 단번에 알아차릴 수 있었다.

"스님, 어서 오십시오. 그런데 무슨 일이십니까? 이런 곳까지 다 찾아오시구요."

노모가 기거하는 방은 한두 사람이 겨우 발을 뻗을 정도로 좁고 추레했다. 게다가 한겨울인데도 방에는 온기가 전혀 없었다. 이 엄동설한에 어떻게 이렇게 지낸단 말인가. 노모는 경제적으로 몹시 힘든 것 같았다.

"어머님, 연탄이 없으시면 제가 좀 사다드릴까요?"

노모는 내 말을 못 알아들었는지 멍한 표정으로 방구석을 쳐다보며 앉아 있었다. 다시 한 번 묻자 그제야 어머니가 입을 열었다.

"아뇨, 연탄은 많이 있어요."

"그런데 왜 안 때세요?"

"내 자식이 차가운 감방에 있는데, 어미가 되어서 어떻게 따뜻한 방에서 잠을 자겠어요."

노모의 말은 충격적이었다. 아무리 자식이 차가운 감방에 있다 하더라도 이 추운 겨울에 불도 때지 않고 고통을 감내

한다는 사실이 믿기지 않았다. 아무리 모정이 강하다고는 하지만 그렇게까지 하기는 쉽지 않았다. 백발이 성성한 노인이 이 차가운 방에서 견디는 것은 너무 고단한 일이었다. 나는 다시 차분하게 물었다.

"자식은 죄를 지었으니까 감옥에 있다 하더라도 어머니가 무슨 죄라고 이러세요? 이제 그만 불 피우고 편안히 지내세요. 아니, 제가 불을 피워드리지요."

어머니가 손을 가로 저으며 말했다.

"스님, 그러지 마세요. 제가 왜 죄가 없습니까? 자식을 사형수로 만든 죄, 이보다 더 크고 무서운 죄가 어디 있습니까? 제가 잘못 키워서 정수가 사형수가 된 거 아닙니까. 죄는 정수보다 오히려 제게 더 많습니다."

알고 보니 노모는 아들인 양정수가 수감되고 지난 3년간 단 한 번도 방에 불을 피워본 적이 없다고 했다. 나는 어머니의 모정에 감동을 받았다. 사형수는 자신이 죄를 지어 벌을 받는 것이지만 그 어머니는 무슨 죄인가. 그러나 어머니는 그렇게 생각할 수 없었으리라. 자식의 죄가 곧 자신의 죄였고, 자식의 사형이 곧 자신의 사형이었던 것이다. 어머니는 아무런 죄도 없이 통곡의 세월을 보내며, 교도소에 갇힌 사형수보다 더 큰 마음의 짐을 진 채 살아가고 있었다. 창살만 없다 뿐이지 어머니의 방은 교도소나 마찬가지였다.

아무런 죄도 없는 그 어머니의 통곡 소리, 그 애절한 자식 사랑을 알게 된 나는 저절로 고개가 숙여졌다. 아, 모정이라는 것이 바로 이런 것이구나. 비록 세상 사람들 모두가 손가락질하는 흉악범이지만 그 어머니에게만은 아직도 사랑하는 아들이로구나.

사형수 양정수와 그 어머니의 관계, 그리고 나와 나의 어머니의 관계가 묘하게 중첩되었다. 이 놀라운 모정 앞에서 내 어머니의 모습이 떠올랐던 것이다.

'내 어머니 또한 나 때문에 얼마나 괴로워하셨을까. 내가 여관을 박차고 나간 걸 아셨을 때 어머니의 심정은 어땠을까? 밥이나 제대로 드셨을까? 매일 나를 생각하며 불면의 밤을 보내지는 않으셨을까?

나는 스스로가 미워졌다. 어머니의 깊은 사랑을 제대로 이해하지 못했던 철없는 시절이 후회스러웠다.

그렇게 마음속으로 나를 자책하는데 노모가 밖으로 나가

더니 밥상을 차려왔다. 벌써 저녁 먹을 시간이 되었던 것이다. 그런데 이상하게도 방 안에는 노모와 나밖에 없는데도 밥에 차려진 밥그릇 수는 세 개였고 수저도 세 벌이었다.

"누가 오시기로 했나 보죠?"

나의 질문에 뜻밖에도 노모의 얼굴이 잠시 환해지는 듯했다.

"내 아들 정수의 밥이에요. 정수가 밥이라도 나랑 함께 먹어야죠."

저 교도소 담 넘어 창살 속에 갇혀 있는 사형수 양정수가 어떻게 이 밥을 먹을 수 있단 말인가. 그러나 어머니는 자식에게 밥을 차려주었다는 그 생각만으로도 기쁜 것 같았다.

내가 놀란 일은 그뿐만이 아니었다. 주변 사람들에게서 들은 노모의 모습은 이 세상 모든 자식의 불효를 꾸짖을 수 있을 정도로 고귀한 것이었다. 노모가 이곳 교도소 근처로 이사를 온 것은 아들을 자주 면회하기 위해서였다. 그런데 이사를 오자마자 마을에는 '흉악한 사형수의 어머니가 이사를 왔다'는 소문이 돌기 시작했다. 어머니는 그때부터 마을 청소를 시작했다고 한다. 어머니는 그저 길거리의 쓰레기를 줍기만 한 것이 아니라 남의 집 화장실 청소까지 했다.

그러지 말라고 말리는 이웃들에게 노모는 이런 말을 했다.

"여러분, 제 자식을 미워하지 마세요. 제발 제 자식을 용서해주세요. 제 자식이 잘못한 거, 제가 이렇게라도 갚을 테니, 미워하지 말아주세요. 이 어미를 봐서라도 제 아들을 용서해주십시오."

마을 사람들은 감동하여 더 이상 그분을 '흉악범의 어머니'라 부르지 않게 되었다.

양정수의 어머니가 새벽에 일어나 가장 먼저 하는 일은 당연히 아들을 면회하는 것이었다. 또한 어머니는 매일 아들의 빨래를 챙겨다 깨끗이 빨아 다시 아들에게 가져다주었다. 언제 죽을지 모르는 자식이니, 저승 갈 때 옷이라도 깨끗이 입고 가라고 눈물로 빤 옷을 품에 안고 3년간 면회를 다녔던 것이다.

살인을 한 양정수가 구속 수감 되었을 때 노모는 아침부터 교도관들을 찾아가 울부짖었다고 한다. 진짜 죄인은 나니까 나를 잡아 가두라고, 내가 바로 아들을 죄인으로 만든 사람이라고.

나는 양정수의 어머니를 보면서 범죄에 대해 또 하나의 시각을 가지게 됐다. 흔히 사건의 피해자만 범죄의 피해자라고 생각하기 쉽다. 그러나 그 가족, 특히 부모 역시 그 피해자이다.

많은 범죄자들, 그중에서도 사형 선고를 받을 정도로 중대한 범죄를 저지른 사람들은 대개 비슷한 심리 상태에 처해 있다. 자신을 외면하고 자신을 고통에 빠뜨린 이 사회에 대해 지독한 적개심으로 무장한 그들은 '나 하나 죽으면 그만 아니냐'는 배짱 아닌 배짱을 가지고 있다. 그래서 그들은 어떤 범죄도 두려워하지 않고, 더불어 자신의 생명도 소중하게 생각하지 않는다.

그러나 그들의 생각은 틀린 것이다. 실질적으로 법의 처단을 받는 것은 본인뿐이겠지만 그 고통은 부모들에게까지 미친다. 그저 혼자 죽는다고 해결될 문제가 아닌 것이다. 그 죽음을 바라보는 부모도 똑같은 고통을 당하기 때문이다. 결국 자신의 범죄는 자신만 죽이는 것이 아니라 그 부모마저도 죽이는 것이라 할 수 있다. 꼭 칼을 들어야 범죄인가. 자신의 어머니를 마음고생 시키며 힘겹게 살아가게 하는 것도 큰 범죄이다.

그러기에 자식들은 부모님이 주신 '선물'과도 같은 삶을 잘 가꾸어야 한다. 성실하고 올바르게 살아가는 것 자체가 부모님에게는 더할 수 없이 큰 기쁨이 되기 때문이다.

만만치 않았던 사명

양정수가 그러한 사실을 깨닫기에는 너무 많은 시간이 흘러버렸다. 그의 어머니 역시 냉방에서 하루하루 죽음에 다가가고 있었다. 그나마 어머니가 태생적으로 건강하지 않았더라면, 이미 이승 사람이 아니었을지도 모른다. 3년이라는 그 긴 시간 동안 냉방에서 생활을 했다는 것은 그야말로 초인적인 힘이 아니면 불가능했다.

사형수 양정수도 어머니의 고통을 조금씩 알아가기 시작했다. 외로움과 좌절감에 빠져 있던 수감 생활 초기에는 그나마 어머니의 얼굴을 볼 수 있다는 게 위로가 되었다. 어머니가 면회를 오면 늘 반갑고 많지는 않지만 영치금까지 넣어주었으니, 수감생활이 편했을지도 모른다. 하지만 그 때문에 어머니가 얼마나 힘들게 사시는지를 알게 되자 그는 오히려 어머니의 면회를 부담스럽게 여기고 괴로워하기 시작했다.

처음 양정수를 소개시켜준 방영근의 말이 새삼 떠올랐다.

"그분이 제발 마음을 잡고 고향으로 내려갈 수 있도록 도와주세요. 그렇지 않으면 그분은 곧 돌아가시고 말 겁니다."

양정수의 어머니를 처음 만났을 때에는 충격과 감동 때문에 자세한 내막을 물어볼 겨를도 없었다. 게다가 나는 방영근의 말을 너무 단편적으로만 이해하고 있었다. '어머니의 고생이 너무 심해서 연로한 몸에 무리가 되니, 곧 돌아가실지도 모른다. 그러니 빨리 고향으로 내려가도록 설득해달라'는 말로 해석했던 것이다. 하지만 그 모자에게는 생각보다 깊은 사연이 있었다.

양정수를 다시 만난 후 나는 방영근의 말에 담겨 있는 진실을 알게 되었다. 양정수는 자신으로 인해 끊임없이 고통을 당하는 어머니를 보기가 괴로워 자살을 결심했다. 아들이 자살할지도 모른다는 이야기를 들은 어머니는 아들이 죽는다면 자신도 목숨을 끊겠다고 했다. '아들이 없는 이 슬픈 세상, 혼자서 살아갈 힘이 없으니 내가 살아서 무엇하겠느냐'는 이야기였다. 비록 사람을 죽인 흉악범이었지만 아들과 노모가 비극적으로 삶을 마치게 할 수는 없는 노릇이었다. 내가 할 일은 일단 어머니를 고향으로 내려가시게 해 다소 편히 사시게 하는 것이었다. 그러면 양정수도 자살을 하지 않을 것이고, 그렇게 조금이라도 더 목숨을 부지함으로써 자신의 죄를 뉘우치고 편안히 죽음을 맞을 수 있을 것이다. 두 사람의 생명이 걸린 문제였다. 마음을 단단히 먹고 다시 어머니의 집으로 향했다. 어머니가 불자라는 점이 내심 든든했다.

"어머니, 절에 다니시죠?"

"평생을 부처님 말씀 하나로 살아왔습니다."

"그럼 스님 말씀을 들어야죠?"

"물론입니다. 스님 말씀은 무엇이든 듣겠습니다. 어찌 불자가 스님의 말씀을 거역하겠습니까. 더군다나 내 아들의 죽음을 준비해주시는 스님인데요. 당연한 말씀입니다."

다소 안심이 되었다. '이제 어머니가 나의 말을 듣고 고향

으로 내려가시겠구나.'

"그럼 짐을 싸십시오."

"무슨 말씀이신지요?"

"내 말을 듣는다면서요."

"듣고 말구요, 그런데 이해가 가질 않습니다."

물론 어머니도 내가 그렇게 말하는 이유를 전혀 모르지는 않았을 것이다.

"아시지 않습니까. 양정수가 자살한답니다. 사람이 자살을 하면 그 영혼은 구천을 떠돕니다. 어머니께서 면회 오는 것이 무섭고 괴롭답니다. 계속 면회를 오면 자살을 하겠답니다. 이건 어머니가 아들을 지옥으로 내모는 거예요. 스스로 죗값을 달게 받을 수 있도록 해주세요. 그게 자식을 위한 길입니다. 이제 그만 고향으로 돌아가세요. 사형을 면할 길은 없으니 체념하시고 자식의 영혼에 복을 빌어주는 것이 현명한 일입니다."

가만히 듣고만 있던 어머니가 입을 열었다.

"알겠습니다……. 스님, 그런데 제가 그 말씀만은 들을 수가 없네요."

"네?"

"스님 말씀을 거역하면 지옥에 간다는 건 알고 있습니다. 하지만 전 차라리 지옥에 가겠습니다. 정수를 저렇게 놔두고 혼자 고향으로 내려가서 편안히 살 수만은 없습니다."

어머니의 말에는 진심어린 슬픔이 배어 있었다.

"그럼 뭐 어쩌자는 겁니까. 재판은 끝났고 되돌릴 방법은 없습니다."

"뭘 어떻게 하자는 게 아닙니다. 저는 제 아들이 사형대에 오를 때까지 여기에 있을 겁니다. 그리고 사형집행이 끝나면 제 아들을 화장한 후에 뼈를 갈 겁니다. 그리고 그 뼛가루에 밥풀과 꿀을 묻혀 까막까치 밥으로 줄 겁니다. 죄 많은 몸뚱이, 짐승에게라도 보시를 해야 좋은 세상에 다시 태어나지 않겠습니까. 그 일을 이 어미가 아니면 누가 하겠습니까? 저는 이곳에서 한 발자국도 벗어나지 않을 겁니다. 자식을 사형대에 올려 세운 어미가 어찌 뻔뻔하게 하늘을 향해 두 발 뻗고 잘 수 있겠습니까? 그리고 그 일이 끝나면 저 역시 자결을 할 겁니다. 자식을 죄인으로 만든 죄를 씻기 위해서입니다. 그리고 스님께서 해주실 수 있다면 저 역시 화장을 해 까막까치의 밥으로 뿌려주십시오."

 나는 그제야 나에게 만만치 않은 사명이 주어졌다는 사실을 깨달았다. 이 두 모자를 어찌 그냥 보고만 있을 수 있겠는가. 이런 소설 같은 이야기가 이들에게는 현실이었구나. 이 어머니가 죽는 걸 그냥 보고만 있을 수는 없지 않은가. 석방은 아니더라도 최소한 사형을 면하게는 해줄 수 없을까? 그때 나는 처음으로 사형수 구명이라는 사명을 맡았던 것이다.

 그런데 막상 내가 할 수 있는 일은 아무 것도 없었다. 그 당시에는 인권단체라는 것도 없었고 사형제도에 대한 사람들의 감정도 우호적이었다. 사형수를 사면해줄 수 있는 건 대통령인데, 내 힘으로 어떻게 대통령의 사면을 얻는단 말인가.

 무언가를 하겠다고 마음은 먹었지만 방법이 없으니 막막하기만 했다. 그래서 무작정 찾아 나선 곳이 불교신문사였다. 언론사라면 최소한 나보다 많은 일을 할 수 있을 것 같았고, 내가 아는 언론사란 그곳밖에 없었기 때문이다. 언론이 힘을 쓰면 뭔가 되지 않을까 하는 막연한 기대감도 있었던 것 같다.

평소에 친분이 있었던 최모 기자에게 사형수와 그 어머니의 이야기를 보도해달라고 부탁했다. 하지만 대답은 시원치 않았다. 기사를 쓰기가 힘들다는 것이 아니라 보도를 해봤자 크게 도움이 되지 않을 거라는 이야기였다. 그러면서 자신이 아는 「한국일보」의 기자를 소개시켜주겠다고 했다. 나는 어리둥절해하면서도 한 명의 기자라도 더 만나기 위해 얼른 그 사람을 소개시켜달라고 했다. 당시 2년차의 신출내기 기자였던 「주간한국」의 이모 기자를 만난 것은 그로부터 며칠이 지나서였다. 함께 나간 「불교신문」의 최 기자가 사형수 양정수와 그 어머니의 이야기를 꺼냈지만 이 기자는 미처 이야기를 다 듣지도 않고 대뜸 쏘아붙였다.

"내가 그 얘기를 들으면 뭐해요? 내가 사형수를 살리기라도 할 수 있나요?"

최 기자도 민망하고 나도 당황스러웠다. 이제 내가 나설 차례였다.

"이 기자님, 이건 슬프면서도 아름다운 이야기입니다. 기사를 쓰든 쓰지 않든 한 번 들어나 주십시오, 예?"

30분에 걸쳐 양정수의 어머니에 대해 이야기했다. 마치 폭포처럼 나는 내가 본 것, 느낀 것을 쏟아냈다. 이야기를 다 들은 이기자는 흥분했다.

"스님, 이런 이야기는 태어나서 처음 들어봅니다. 좋습니다. 제가 크게 한 번 써보겠습니다. 하지만 기사가 나간다고 해서 사형수를 살릴 수 있다고 생각하지는 마십시오."

"물론입니다. 저는 다만 조금이라도 도움이 될까 해서 그러는 겁니다."

그렇게 해서 나는 이 기자의 현장 취재를 도왔고 2주후에 양정수와 그 어머니의 이야기가 「주간한국」의 표지 기사로 소개되었다. 헤드라인은 이랬다.

"내 아들이 죽으면 나도 죽는다."

사형수와 그 어머니의 이야기가 이렇게 애절하게, 그리고 이렇게 많은 지면에 걸쳐 소개된 것은 아마도 그때가 처음이 아니었을까 싶다. 반응은 폭발적이었다. 기사를 본 많은 사람들은 그 충격적인 이야기에 눈물을 흘렸다. 격려 전화가 수없이 쏟아졌고 사형수 어머니를 경제적으로 돕겠다는 사람도 나타났다.

나는 자신감을 가지고 좀더 큰 언론의 힘을 빌려보기로 했다. 1970년대 후반, 라디오방송의 최고 인기프로그램 중 하나는 MBC의 〈법창야화(法窓夜話)〉였다. 범죄예방을 취지로 하는 다큐멘터리 프로그램으로 당시에는 텔레비전 프로그램보다 더 영향력이 있었다. 이미 천주교에서는 〈법창야화〉를 통해서 한 명의 사형수를 살려낸 적도 있었다. 한 천주교 사형수의 눈물겹고 애절한 사연이 전국에 방영된 뒤 동정 여론이 일면서 그는 죽음을 면했다.

아는 사람을 통해 당시 프로그램을 담당하던 PD를 만날 수 있었다. 그는 MBC가 자랑하는, 능력 있는 PD로서 독실한 기독교 신자였으며 훗날 영국으로 건너가 목사가 된 사람이었다.

예나 지금이나 PD들은 바쁘다. 그날도 나는 누더기 같은 승복을 입고 그를 만났다. 하지만 그런 식으로 PD들을 찾아오는 사람이 어디 한두 명이랴. 처음 반응은 다소 딱딱하고 차가웠다.

"죄송하지만 제가 몹시 바쁜데 5분 이내에 이야기를 끝내주실 수 있겠습니까?"

무시하는 태도에 기분이 약간 상했지만 5분이라는 시간을 내준 것만도 감사한 일이었다. 사실 나는 그때 그가 제시한 5분이라는 시간에 내 모든 것을 걸고 있었다. 그 시간은 두 명의 생명을 살릴 수 있는 시간이었고, 또한 그들을 돕고 싶은 내 간절한 마음을 전달할 수 있는 시간이기도 했다. 나는 첫마디부터 강한 어조로 입을 열었다.

"〈법창야화〉는 살인을 저질렀습니다."

PD로서는 도저히 이해가 가지 않는 말이었을 것이다. 그가 도대체 무슨 이야기냐고 되물었다.

"〈법창야화〉 팀이 '천사와 사형수'라는 내용을 방영하여 천주교 사형수를 살린 걸 알고 있습니다. 저도 그 방송을 모두 들었습니다."

"그런데 살인이라니 도대체 무슨 말씀입니까?"

"그 방송으로 천주교 사형수는 살릴 수 있었겠죠. 하지만 불교 사형수는 두 번 죽였습니다. 방송 내용 중에 불교 사형수가 등장해 이런 대사를 한 걸로 기억합니다. '아, 너는 천주교를 믿어서 살고, 나는 불교와 같은 마귀 종교를 믿어서 죽는구나.' 기억나시죠?"

담당 PD가 고개를 끄덕거렸다.

"사실 그 불교 사형수는 사형이 집행될 때 마치 거룩한 성자처럼 마지막을 맞이했습니다. 교도관들도 모두 감동했고, 그 이야기를 들은 수감자들도 모두 자신의 죄를 뉘우칠 정도로 숭고한 죽음이었습니다. 하지만 〈법창야화〉 팀은 그 이야기와는 아무런 관련이 없는 그를 방송에 끌어들여서 인격적으로 살해했습니다. 불교가 어째서 마귀 종교란 말입니까."

"아, 죄송합니다. 듣고 보니 그렇습니다. 하지만 방송 내용상 어쩔 수 없었습니다. 사과드립니다. 그런데 그 이야기를 하러 오신 겁니까?"

"아닙니다. 그 사람이 죽기 전에 저에게 소개해준 또 다른 사형수가 있습니다. 그 사형수를 살리고 싶습니다. 그 사람의 이야기를 한 번 들어주십시오."

다시 양정수와 그 어머니의 이야기가 시작되었다. PD 역시 깊은 감동을 받았다. 그는 이제껏 10년 넘게 수많은 사건을 다뤘지만 이렇게 감동적인 이야기는 없었다고 했다. 그는 그 자리에서 바로 방송을 하기로 결정했다. 그러나 그는 나에게 두 가지 조건을 내걸었다.

 첫 번째는 양정수를 다루는 방송이 모두 끝날 때까지 그가 형집행을 받지 않도록 해야 한다는 것이었다. 양정수는 사형선고를 받은 지 이미 3년이 지났기 때문에 언제 형이 집행될지 몰랐다. 그러니 무슨 수를 써서라도 사형집행을 막으라는 것이었다. 방송을 하고 있는데 형이 집행되어버리면 방송에 문제가 생긴다는 것이었다.

 두 번째는 피해자 가족들의 동의를 얻어야 한다는 것이었다. 방송을 하려면 어쩔 수 없는, 최소한의 미화가 불가피한데, 피해자의 입장에서는 그걸 받아들이기가 힘들기 때문이다. 그런 문제로 '방송국을 폭파하겠다'는 협박까지 받은 적이 있다면서 피해자 측의 허락이 없으면 방송을 하기 어렵다고 했다.

 두 번째 조건은 내가 피해자 가족을 직접 찾아가 어떻게든 해결할 요량이었지만 첫 번째 조건은 어떻게 해야 풀 수 있을지 감을 잡을 수가 없었다.

 "그런데 PD님, 어떻게 하면 사형을 미룰 수 있습니까?"
 "법무부 장관에게 탄원서를 내십시오."

"제가 서류를 낸다고 다 돼나요?"

"물론 그렇지는 않죠. 그러니까 서류만 내지 말고 직접 만나야 합니다. 앞으로 최소한 4개월 내에는 사형을 집행하지 않겠다는 약속을 받아오십시오. 그건 장관전결이기 때문에 가능할 겁니다. 사형을 아예 면하게 해줄 수 있는 건 대통령뿐이지만 집행을 연기하는 건 법무부 장관이 결정할 수 있습니다. 그 약속만 받아오면 방송을 하겠습니다."

우선 급한 일이 탄원서를 작성하는 것이었다. 법무부 장관을 만나려면 탄원서를 먼저 작성해야 했다. 일단 아는 사람들을 찾아가 탄원서에 서명하게 했다. 주변 사람들에게 입이 부르트도록 설명하고 간곡히 부탁해서 서명을 받았다. 당시는 박정희 대통령 시절이라 사람들은 탄원서에 대해 막연한 두려움을 갖고 있었다. 괜히 서명을 했다가 경찰서에 잡혀가는 것 아니냐는 것이었다.

하루는 조계종 종정 윤고암 스님을 찾아뵈었다. 탄원서의 서명을 부탁드리기 위해서였다. 내가 교도소로 포교를 다니는 걸 아셨던지 스님은 나를 보자마자 "우리 지장보살 오셨네" 하고 반가이 맞아주셨다. 지장보살은 천상에서 지옥까지 일체의 중생을 교화하는 대자 대비한 보살님이시다. 스님은 내가 교도소라는 '현실세계의 지옥'에서 포교한다는 의미에서 그렇게 농담을 하신 것이었다.

그간의 사정을 이야기하자 윤고암 스님은 바로 탄원서에 서명을 해주셨다. 뿐만 아니라 그분은 총무원장을 불러 전 직원의 서명을 받으라고 했다.

하지만 모든 사람들이 나의 노력을 좋게만 본 것은 아니었다. 특히 그 자리에 함께 있던 모 불교 신문사의 주간은 탄원서 자체를 마뜩치 않게 생각했던 것 같다. 윤고암 스님이 서명을 부탁했지만 그는 은근슬쩍 거부했다.

"도장을 안 가지고 왔습니다."

"사인을 하셔도 됩니다."

"아이구, 저는 사인이 없어서요."

사인이 없다니 말이 되는가. 그는 그저 하기가 싫었던 것이다. 어쩌면 그런 일 자체가 소용없는 짓이라고 생각했을지도 모른다. 내가 뭐라고 할 수 있는 문제는 아니었다. 한두 명이 비웃는다고 멈출 일이 아니었기 때문이다.

그렇게 몇 주를 뛰어다니면서 지인들을 총동원한 결과 2

만 명에 가까운 사람들의 서명을 얻어낼 수 있었다. 이제 장관을 만나서 확답을 얻어내는 일만 남았다. 그러나 법무부 장관을 만나는 게 또 문제였다. 지금도 그렇지만 유신시절의 법무부 장관은 대단한 사람이었다. 나같이 평범한 스님이 만나고 싶다고 해서 만날 수 있는 사람이 아니었다.

하지만 사람이 살려고 하면 살 일만 생기고 죽으려고 하면 죽을 일만 생기는 법이다. 그때 마침 나는 종단으로부터 김천에 있는 신라시대의 고찰 계림사의 주지로 발령을 받은 터였다. 당시 김천에는 모 정당의 당의장이 국회의원으로 있었다. 그분이라면 가능하지도 않을까. 나는 퍼뜩 그런 생각을 했다. 날을 잡아 그분을 찾아가 간절히 호소했다. 법무부 장관을 꼭 만나야 할 일이 있으니 좀 도와달라고.

"도대체 무슨 일로 스님께서 법무부 장관을 만나려고 하십니까?"

의아할 법도 했다. 이름도 없는 스님이 대한민국의 법무부 장관을 만나야 한다고 하니 무슨 까닭인지 궁금했을 것이다. 나는 그간의 사정에 대해 죽 설명을 했다. 그리고 내가 이 일에 나선 이유를 설명하며 그 숭고한 모성애를 저버릴 수는 없지 않느냐고 설득했다. 그는 가만히 듣고 있더니 "그런 일이라면 안 도와줄 수 없지요"라면서 곧장 전화기를 들었다. 그 국회의원과 법무부 장관이 특별한 사이라는 것을 전혀 몰랐던 나는 일이 너무 쉽게 풀리는 것 아닌가 하는 생각을 했다. 그런데 알고 보니 법무부 장관은 그 국회의원의 초등학교 후배였다. 예상치 못한 우연이었지만 상황을 급반전시킨 커다란 행운이었다.

사랑은 불가능이 없는 에너지

탄원서를 가지고 법무부로 향하기 직전 양정수의 어머니에게 잠시 들렀다. 상황도 알려드릴 겸 용기도 드릴 겸 간 것이다. 한참 이야기를 나눈 후 집에서 나오려는 데 어머니가 내 손에 만원을 쥐어주셨다. 받지 않겠다고 했더니 도시락이나 사 먹으라는 것이었다. 그때 만원은 지금 가치로는 대략 10만 원 정도에 해당하는 것이었다. 당시 나는 워낙 돈이 없었다. 수중에 몇 천 원이 있기는 했지만 이곳저곳을 뛰어다니기에는 차비로도 모자랄 지경이었다. 그렇다고 내가 그 어머니의 돈을 선뜻 받을 수는 없었다.

"어머니, 이 일이 성사될 가능성은 1만 분의 1밖에 되지 않습니다. 제가 이 돈을 쓰면 나중에 지옥 갑니다."

"제 아들이 살아나든 살아나지 못하든 상관없습니다. 사형수가 사형을 당하는 건 당연한 일 아닙니까. 제가 혹시라도 다른 의미로 이 돈을 드린다면 저 역시 천벌을 받을 겁니다. 도시락 하나 사드시라는데, 뭐가 문제입니까?"

어머니가 아무리 그렇게 말씀을 해도 영 마음이 내키질 않았다.

"자꾸 이러시면 오늘 법무부에 안 갈 겁니다. 그러니 빨리 이 돈 집어넣으세요."

그때 나는 결과에 자신이 없었다. 탄원서도 준비되었고 법무부 장관을 만날 약속도 잡았지만 그렇다고 결과까지 장담할 수는 없었다. 끝내 돈을 거절한 것이 못내 미안해 어머니에게 한마디 덧붙였다.

"양정수가 사형을 면하면 그때 주십시오. 그때는 받겠습니다."

내 입으로 말을 하긴 했지만 그 돈을 받을 날이 과연 올 것인가 하는 의구심이 들었다.

다음날 서울에 도착한 나는 곧장 법무부로 달려갔고 그 국회의원 덕분에 칙사 대접까지 받으며 장관실로 들어섰다. 길지 않은 시간이었지만 최선을 다해 사형수와 어머니의 이야기를 했고, 장관 역시 적지 않은 감동을 받은 듯했다.

"제가 대통령 각하에게 건의를 하겠습니다. 탄원서를 놓고 가십시오."

대통령에게 건의하겠다는 걸로 봐서는 사면은 아니더라도 최소한 집행은 미루어주겠다는 의미인 것 같았다. 장관실을 나오자마자 나는 PD에게 전화를 했다. 확신이 선 PD 역시 곧장 〈법창야화〉 팀을 가동시켜 취재와 대본 집필에 들어갔다. 그런데 이 과정에서 또 한 번 일이 중단될 위기에 처했다. 취재와 대본 집필을 위해서는 최소한 한 번이라도 양정수의 얼굴을 직접 보고 대화를 나눠야 하는데, 해당 교도소 측에서 언론인의 면회는 절대 허락할 수 없다고 못 박았던 것이다. 그것도 방영을 전제로 하는 면회는 불가하다는 것이었다. 교도소장에게 이야기해도 방법은 없어 보였다.

"스님, 제 목을 치려고 그러십니까? 만약 방송에 인터뷰라도 나가면 어쩌실 겁니까? 저는 바로 문책을 당하고 이 일을 그만둬야 합니다."

그렇다고 포기할 수는 없었다. 일단 취재팀과 교도소 인근에서 하룻밤을 보내고 다음날 다시 면회를 신청하기로 했다. 면회를 접수하는 사람이 나와 함께 온 사람들에 대해서 물었다. 나는 "저와 함께 교화를 하러 온 사람들입니다"라고 했지만 그렇게 쉽게 넘어갈 문제가 아니었다. 교정과장이라는 사람이 나왔다. 교화 때문에 교도소에 자주 드나든 덕분에 그와는 안면이 있었다.

"오늘 회의에서 절대 삼중 스님과 함께 온 사람들을 들여 보내지 말라는 엄명이 있었습니다. 이분들은 방송사 작가들 아닙니까? 죄송합니다, 스님."

한편으로는 무안하고 민망했지만, 이 일을 성사시켜야만 양정수와 그 어머니가 살 수 있었다. 포기하는 심정으로 마지막 호소를 했다.

"과장님에게도 어머니가 있지 않습니까? 지금 이분들이 양정수를 만나지 못하면 방송이 나가지 못합니다. 그렇게 해서 양정수가 구명을 받지 못하면 그 어머니까지 죽습니다. 아무 죄 없는 어머니가 그렇게 돌아가셔야 되겠습니까? 그저 얼굴만 보고 잠깐 대화만 나누면 됩니다. 교도소에는 아무런 피해가 가지 않을 테니 한 번만 도와주십시오."

나의 간곡한 부탁에 교정과장은 드디어 결단을 내렸다.

"알겠습니다. 스님, 그러면 이 일에 대해서는 비밀로 해주셔야 합니다. 녹음을 하거나 카메라로 찍어서도 안 됩니다."

"걱정하지 마세요. 그건 제가 약속하겠습니다."

나중에 알고 보니 그 교정과장은 이미 시인으로 데뷔한 문인이었다. 시인들 특유의 감수성과 사형수 어머니에 대한 동정심이 아마도 그의 마음을 움직였을 것이다.

그렇게 무사히 면회가 끝나고 드디어 방송이 나갔다. 예상대로 감동의 물결이 전국을 휩쓸었다. 방송국으로 전화가 쇄도했고 계림사로는 위문편지가 쏟아져 들어왔다. 그로부터 몇 개월 후, 박정희 대통령이 9대 대통령으로 재취임 하던 날 드디어 양정수의 무기 감형이 확정되었다.

도저히 상상할 수 없었던 일이 현실이 된 것이다. 이러한 감형은 세계 형행 사상 최초의 일이기도 했다. 본인의 노력, 즉 형행 성적이나 참회의 정도에 따라서 사형수가 무기수로 감형된 경우는 있었지만, 본인이 아닌 어머니의 노력으로 감형이 된 경우는 없었다. 지금껏 나는 일본을 수차례 오가면서 많은 교도관과 포교 관계자들을 만나보았지만 이 일에 대해서는 다들 놀라워할 뿐이었다. 나중에 전해들은 이야기로는, 박정희 대통령이 사형수 어머니의 이야기를 듣고 감동의 눈물을 흘렸다고 했다. 덕분에 양정수의 형이 감면된 것이었다.

양정수 어머니에게 달려가 감형 소식을 전했다. 하지만 어머니는 울지도, 웃지도 못했다. 그저 멍한 눈으로 떨고 있을 뿐이었다. 너무 기쁘면 그렇게 아무 말도 하지 못하고 석고상처럼 굳어버리는 모양이다.

"이제, 저는 죽어도 좋습니다. 아무 여한이 없습니다. 고맙습니다, 스님."

어머니는 가만히 눈을 감고 그 자리에 스르륵 주저앉았다. 그분은 아무 말 없이 한 시간 정도를 그렇게 앉아만 있었다.

며칠 뒤에 만난 어머니의 얼굴에는 생기가 넘쳤다. 비록 완전히 사면을 받아 석방이 된 것은 아니었지만 사형집행을 면했다는 것 자체가 새로운 삶의 희망이었기 때문이다.

이 놀라운 사건은 내 삶의 행로를 바꾸는 아주 중요한 계기가 되었다. 사형수 구명이라는 게 뭔지도 모르는 상황에서 얼떨결에 시작한 일이 성공하자 용기를 얻게 된 것이다. 이 기적적인 성공은 나에게 '할 수 있다'는 강한 자신감을 불어넣어주었고, 더불어 다른 많은 사형수들과 만날 수 있는 계기가 되어주었다. 한 사람의 생명을 살릴 수 있다는 것, 죽을 수밖에 없는 운명에 처했던 사람에게 다시 희망을 찾아줄 수 있다는 것은 나의 온몸을 전율케 하는 깊은 감동의 체험이었다.

다시 그로부터 5년 뒤, 사형수 양정수는 석방이 되었다. 20대의 청년은 어느덧 중년이 되어 영어의 몸에서 풀려난 것이다. 그의 어머니는 그 사이에 시력을 잃고 말았다. 하지만 자식에 대한 사랑 때문이었는지 아직 건강을 유지하고 계셨다. 눈이 보였으면 더 좋았으련만. 아들의 얼굴을 직접 보면서 쓰다듬었으면 더욱 한이 없었을 것을. 하지만 가슴으로라도 아들을 품을 수 있었으니 양정수의 어머니는 더없이 행복했을 것이다. 그 후 스님이 된 사형수 양정수는 지금도 불법(佛法)을 실천하며 가난하고 힘없는 자들을 돕고 있다.

나는 내가 그 어머니를 도와드린 것이 아니라 그 어머니가 나를 도와준 것이라고 생각한다. 비록 구명운동을 시작한 것은 나였지만 그것을 성사시킨 것은 바로 어머니의 힘이었다. 그 힘이 지금도 나를 지켜주고 있으며 나 역시 그 어머니와 양정수의 영혼을 위한 기도를 멈추지 않고 있다.

용서의 힘

10년 전 부산 범일동의 한 철로 건널목에서 일어난 사건을 통해 나는 '용서'의 진정한 의미를 깨달았다. 이 용서를 실천한 어머니는 자신에게 주어진 불운을 이겨내고 훌륭하게 자식을 키워낼 수 있었다.

우리는 살면서 수없이 용서, 포용, 그리고 사랑을 이야기하지만 과연 얼마나 그 말의 진정한 가치를 실천하고 있을까? 나에게 분노가 없을 땐 누구나 용서하고 포용할 수 있을 것 같지만, 실제로 내가 어려운 상황에 처했을 때에는 주체할 수 없는 흥분으로 불같이 상대를 저주하게 된다. 하지만 그때 그 사건의 주인공이었던 한 부부, 그리고 살아남은 어머니의 모습은 그러한 우리의 모습을 반성하게 하는 맑고 밝은 거울이 되기에 충분하다.

남편은 기차가 올 때마다 사람들이 다치지 않도록 철로의 차단기를 올리고 내리는 건널목 간수였다. 그는 20년간 건널목을 지키며 마을 사람들의 안전을 지켜주는 소중한 일을 하고 있었다. 비록 월급이 많거나 화려한 직업은 아니었지만 그는 자신의 일을 천직으로 알며 하루하루 소박하게 살아가고 있었다.

어느 날 밤, 여느 때와 다름없이 밤 기차가 건널목을 통과하기 직전이었다. 남편은 차단기를 내리고 주위를 둘러보았다. 그런데 어디선가 고함소리가 들려왔다. 남편이 쳐다봤더니 만취한 두 남자가 기차가 오는 줄도 모르고 차단기를 넘어 길을 건너려 했다. 남편은 설마 하며 그쪽으로 다가갔지만 무서운 속도로 달려오는 기차는 순식간에 그 두 명을 덮칠 태세였다. 당황한 남편은 자신의 몸을 날려 남자들을 밀쳐내고 결국 자신이 기차에 희생되고 말았다. 그는 현장에서 즉사했고 언론들은 그 '의로운 죽음'을 애도했다.

  남편의 희생과 봉사의 정신은 시대의 귀감이 되기에 충분했다. 설사 그 두 남자가 목숨을 잃는다고 해도 남편의 책임은 없었다. 정확한 시간에 차단기를 내렸고 주위를 경계하며 자신의 임무에 충실했기 때문이다. 그런 상황에서는 피해자의 실수로 인한 사고는 어쩔 수 없는 일이었다. 하지만 남편은 소중한 생명 앞에서 그렇게 책임이나 따지는 계산적인 사람이 아니었던 모양이다. 그는 오직 생명을 구해야겠다는 생각에 무의식적으로 자신의 몸을 던진 것이었다. 그러나 애석하게도, 아니 괘씸하게도 남편 덕분에 목숨을 건진 두 남자는 끝내 모습을 드러내지 않았다. 그것은 인간에 대한 예의, 그리고 자신의 생명을 살려준 은인에 대한 도리가 아니었다.

  당시 신문기사에 따르면 그 건널목 간수의 가족은 월세방에서 가난하게 살았다. 남편은 천성이 착해 늘 이웃을 도왔고 부부간의 금슬도 무척 좋았다고 한다. 생전에 남편은 사랑하는 아내에게 결혼기념일 선물로 금목걸이를 해주었다고 한다. 월세방에 사는 가난한 사람이 무슨 금목걸이냐고 반문할 만도 하다. 그러나 남편은 그 금목걸이를 마련하기 위해 무려 6개월간이나 점심을 굶으며 돈을 모았다고 한다. 그것은 '사치'가 아닌 아내에 대한 '사랑'이었다.

그 의로운 죽음을 외면할 수 없어서 신도들과 함께 200만 원을 모금했다. 많지 않은 돈이었지만 생활에 보탬이 될 수 있을까 해서였다.

아내의 핏기 없는 얼굴은 눈물로 범벅이 되어 있었고 아이들 역시 그 눈물의 의미를 아는지 모르는지 엄마를 따라 울고만 있었다. 그 모습을 보니 나타나지도 않는 그 두 남자에게 새삼 분노가 치밀어 올랐다.

"천하에 몹쓸 사람들, 이런 못된 사람들이 있나!"

화가 나기도 했지만 가족에게 조금이나마 위로가 되지 않을까 하는 생각에 나는 막말을 했다. 그러나 그녀는 오히려 정색을 하며 나에게 되물었다.

"스님, 스님께서 왜 그렇게 흥분하셔서 남을 욕하십니까?"

"너무하지 않습니까. 자기 때문에 누군가가 죄 없이 죽었으면 최소한 감사를 하든지, 사죄를 하든지, 나타나기라도 해야 되는 거 아닙니까?"

그녀가 흐르는 눈물을 닦으며 말했다.

"스님, 저는 그들을 이미 용서했습니다."

나는 잘못 들은 줄 알았다.

"뭐라구요? 다시 한 번 이야기보세요!"

"그들은 우리와 감정이 있는 사람들이 아닙니다. 나와 아이들을 이렇게 만들고 싶어서 그런 게 아니라는 겁니다. 술 때문에 실수한 것뿐입니다. 그들이 우리 집안에 감정이 없는데 왜 우리가 그들에게 감정을 갖습니까?"

그녀의 말은 결코 쉽게 할 수 있는 것이 아니었다. 조금만 손해를 보면 도저히 참지 못하는 것이 우리들의 모습 아닌가. 하지만 남편을 죽인, 살인에 가까운 행위를 한 두 남자를 용서하는 그녀는 큰 자비심과 사랑의 소유자였다.

그녀는 매주 법회에 와서 조용히 기도하고 예불을 올린 후 말없이 돌아가곤 했다. 어떻게 사느냐고 매번 물어도 그녀는 그저 '괜찮다'고만 했다. 사실 난 그렇게 의로운 죽음을 당했으면 퇴직금도 나오고 보상금도 나오는 줄로만 알고 있었다. 그러나 남편은 어려운 가정형편 때문에 퇴직금을 받기 위해 이미 퇴직을 하고 임시직으로 근무를 했던 터라 퇴직금도, 보상금도 기대할 수 없는 형편이었다. '의로운 죽음'으로 아내와 자녀들에게 돌아가는 혜택은 전무했다. 하루가 다르게 커가는 자식들에게 들어갈 돈도 한두 푼이 아닐 텐데, 어떻게 살아갈까, 하는 걱정이 생겼다. 어떻게 하면 도와줄 수 있을까, 고민하고 있는데, 청와대의 한 부속 기관에서 강연 요청을 해왔다. 강연에서 어떤 이야기를 할까, 망설이다가 의로운 죽음을 감행했던 남편과 놀라운 용서의 정신을 보여주었던 아내에 대해서 들려주기로 했다. 강연이 끝난 후 직급이 꽤 높아 보이는 사람이 그 여인의 인적 사항을 알려달라고 했다. 몇 개월 후 그녀에게 상당히 큰 돈이 지급되었다. 비록 현실적인 법의 규정 안에서는 불가능한 일이었지만, 우리 사회에는 냉정한 법을 넘어서는 따사로운 정이 살아남아 있었던 것이다.

그 후 아내는 길거리에서 떡볶이 노점상을 했다. 그녀는 더운 여름에도, 추운 겨울에도 변함없이 거리에서 떡볶이를 팔며 자식을 키웠다. 나도 가끔 근처를 지날 때면 그녀의 노점상에 들러 한참 이야기를 나누곤 했다.

학교를 마치고 돌아온 아이들은 어머니의 일을 도왔다. 보통 아이들 같으면 어머니를 부끄러워할 만도 한데, 가족의 사랑은 생각보다 강하고 따뜻했다. 가난과 고통이 가족 관계를 더욱 튼실하게 해주는 법인가 보다.

어머니의 고생으로 아이들은 정상적으로 학교를 마치고 훌륭하게 성장했다. 아들은 반듯하고 예의바른 청년으로 자라나 경찰관이 되었고, 딸은 유학까지 갔다 와서 교수가 되었다. 역시 어머니의 현명함으로 길러낸 자식들은 달랐다. 아들은 경찰관이 된 후 받은 첫 월급에서 20만 원을 떼어 나에게 가져왔다.

"이 돈은 스님께서 쓰셔야 합니다. 저희가 어려웠을 때 도와주셨듯이, 이 돈으로 저희보다 더 어려운 사람들을 도와주십시오."

그 아버지에 그 아들이었다. 아마도 그는 어려운 사람을 위해 자신을 아끼지 않는 훌륭한 경찰관이 되었을 것이다.

아버지의 갑작스러운 죽음과 그로 인한 슬픔을 이겨내고

그 가족이 행복을 되찾을 수 있었던 것은 바로 '용서의 힘' 때문이었다. 만약 아내가 분노와 절망으로 그 두 남자를 저주하는 마음을 가지고 살았다면, 그래서 자신들의 불운을 이겨내지 못했다면 아마 그 자녀들도 그렇게 훌륭하게 자라날 수 없었을 것이다.

미워하고 분노하는 마음은 타인을 향하는 것처럼 보이지만, 결국 그 때문에 망가지는 것은 자신의 삶이다. 타인에게 부정적인 에너지를 보내기 위해서는 자신이 부정적인 에너지를 품고 있어야 하기 때문이다.

그런 점에서 그 아내가 보여준 용서는 지혜로운 것이었다. 비록 남편은 불행하게 세상을 떠났지만 살아 있는 자식들을 위해서 기꺼이 그녀는 용서의 힘을 발휘했고 그것이 씨앗이 되어 결국 그들은 행복한 가정을 꾸릴 수 있었다.

한편으로 생각해보면 가장 큰 용서의 힘을 발휘하고 있는 것은 우리의 어머니들이다. 세상의 모든 어머니들은 끊임없이 자식들을 용서한다. 어머니들은 자식이 더 잘 되길 바라며 꾸중과 조언은 할지언정, 자식을 '처벌' 하거나 '단죄' 하지는 않는다. 오히려 용서를 통해 올바른 것을 가르치고, 용서를 통해 지혜를 구할 수 있는 또 다른 기회를 주시는 것이다. 그 용서의 진정한 의미를 알게 되면 우리는 스스로를 가다듬을 수밖에 없다. 언제나 우리가 우리의 잘못을 깨달을 수 있도록 용서하고 자식의 앞날을 위해 기도해주는 어머니의 마음은 그래서 세상에서 가장 넓고 깊은 자비심이기도 하다.

그들의 가족애

존속살해는 그 어떠한 이유로도 용서받을 수 없는 범죄임에 틀림없다. 자신을 낳아주고 길러준 은혜를 한평생 보답해도 부족한 자녀가 부모를 향해 칼을 겨눈다는 것은 패륜의 극치라고 할 수 있다. 그러나 아이러니하게도 때론 어머니를 생각하는 자식의 마음이 살인의 동기가 되기도 한다.

10년 전, 스스로 인간이기를 포기한 한 아버지가 있었다. 그는 딸에게 폭력을 행사하는 건 물론이고 자신의 아내에게도 수시로 폭력을 행사했다. 도끼를 들고 가족들을 위협하고 상해를 입히는 정도였으니, 그 아버지의 포악함은 도저히 인간의 것이라고는 할 수 없었다. 그러니 작은 천국이자 행복의 보금자리가 되어야 할 가정은 '지옥'으로 변해버릴 수밖에 없었다. 가족들은 경찰서에 신고해볼 생각도 했지만 차마 남편을 그리고 아버지를 자신들의 손으로 감옥에 보낼 수는 없었다. 술에 취해 폭력을 휘둘렀던 아버지는 다음날이면 용서를 빌었고 가족들은 그런 아버지를 보면서 '언젠간 나아지겠지'라는 생각으로 하루하루를 버텼다. 그러나 아버지의 폭력은 나아지지 않고 점점 더 심해지기만 했다.

사건이 발생한 그 날도 술에 취한 아버지는 몽둥이로 어머니를 때리며 온 집안 식구들을 공포로 몰아넣고 있었다. 어머니는 상습적인 구타로 온몸에 멍이 떠날 날이 없었고 정신적으로도 피폐해질 대로 피폐해져 있었다. 딸 역시 아버지의 폭력으로 대인기피증을 앓고 있었다.

일을 마치고 집으로 들어온 아들 김정도(가명)는 눈앞에서 벌어지는 그 지긋지긋한 광경에 순간적으로 분노를 억제하지 못했다. 그는 사냥면허가 있던 아버지의 엽총을 방에서 들고 나와 총구를 아버지에게 돌렸다. 결국 아들은 수십 년간 당해온 그 고통을 이제는 끝내야겠다는 생각에 방아쇠를 당기고 말았다. 단말마의 비명과 함께 아버지는 그 자리에 쓰러졌고 어머니와 딸은 너무도 순식간에 생긴 엄청난 일 앞에 돌부처처럼 얼어붙고 말았다. 총소리를 들은 이웃의 신고로 곧 경찰이 들이닥쳤다. 아버지를 총으로 쏜 아들은 어머니를 향해 울면서 이렇게 이야기했다.

"엄마…… 난 짐승을 죽였어……. 이제 엄마는 행복할 거야, 나는 사형장으로 가면 그만이야."

비록 사람을 죽인 죄, 그것도 자신의 아버지를 죽인 죄를 결코 용서할 수는 없겠지만 그 아들의 마음을 이해할 수는 있을 것 같다. 아들은 모태신앙을 가지고 있었기 때문에 어렸을 때부터 독실한 기독교인이었다. 늘 예수님의 품속에서 산다는 생각을 가지고 교회 활동도 열심이었다고 한다. 불쌍한 어머니를 도와달라고, 가족의 고통을 없애달라고, 그리고 아버지도 주님의 품에 안길 수 있게 해달라고, 아들은 기도도 열심히 했다. 하지만 그 착한 아들도 어머니가 눈물을 흘리며 아버지에게 맞는 장면을 보고는 마음을 다스릴 수가 없었다.

정상이 참작되기에는 존속살해는 너무도 무거운 죄였고, 결국 아들 김정도는 사형수가 되고 말았다. 자신 때문에 아들이 사형수가 되었다고 생각하니 어머니의 심정은 갈기갈기 찢기는 것 같았다. 어머니는 눈물로 세월을 보내며 고통 속에서 하루하루를 보냈다. 아들을 면회한 후 어머니는 늘 "내가 죽어야 하는데, 내가 사형수가 되어야 하는데"라는 말만 되풀이할 뿐이었다.

사형수 양정수의 일을 계기로 수감자 사이에는 "삼중 스님이 나서면 사형수도 살 수 있다"는 인식이 어느 정도 퍼져 있었다고 한다. 그래서 그 소문을 들은 김정도가 나에게 자신의 애절한 사연을 담은 한 통의 편지를 보내왔다. 나를 만나고 싶다는 것이었다. 당시 나는 성북구치소의 교화위원으로 있었기 때문에 그를 만나는 건 그리 어려운 일이 아니었다. 늘 하는 일이 그것이었고, 또 얼마나 절박하면 나를 찾겠냐 하는 생각도 있었기 때문이다.

그러나 김정도를 만나기 위해 교도소를 찾아간 나는 난관에 부딪혔다. 면회가 불가능하다는 것이었다. 이유는 단지 종교 때문이었다. 원래 교도소에서 기독교 신자는 목사만을 만나게 되어 있고 불교 신자는 스님만을 만나도록 되어 있다. 혹시나 개종을 시키지는 않을까 하는 우려에서였다. 이건 일종의 불문율처럼 통용되고 있었다. 그러나 종교보다 앞서는 것이 바로 '사람'이다. 사람이 사람을 만나고 싶다는데 종교가 장애가 될 수는 없다고 생각했다. 하지만 교도소 관계자들에게는 나의 그런 생각이 이상하게 느껴진 것 같았다.

"스님께서 왜 독실한 기독교 신자를 만나려고 하세요?"

"이 편지를 보세요. 이렇게 애절하게 편지를 쓰지 않았습니까. 다른 뜻은 없어요. 개종을 시킬 생각은 추호도 없습니다."

교도소 관계자들은 결국 회의까지 열었고 '개종을 시키지 않는다는 조건으로 면회를 허락한다'고 결론을 내렸다.

실제로 만나본 사형수 김정도는 사내답고 인간적이었다. 나는 그 청년의 매력에 빠졌고 어머니를 사랑하는 그 마음에 감동해 구명운동을 결심했다. 어머니 때문에 아들을 구명하던 내가 오히려 어머니를 생각하는 아들의 마음에 감동해 구명운동을 펼친 것은 처음이었다.

그 후 10년간 김정도와 나의 인연은 계속 이어졌다. 그는 애초부터 악한 범죄자가 아니었다. 앞에서도 말했지만 그는 독실한 기독교 신자로서 성실하고 건실한 청년이었다. 다만 불행한 가정환경이 그를 사형수로 만들었을 뿐이었다. 다시 평정심으로 돌아온 그가 교도소 안에서도 선행을 하는 것은 어쩌면 당연한 일이었다. 그는 처음 교도소에 들어온 사람들을 따뜻하게 맞아주는가 하면 기독교를 전파하는 일도 게을리 하지 않았다.

한편 김정도는 연일 사회적 이슈가 되고 있었다. "어머니, 저는 짐승을 죽였어요"라는 그의 애절한 말은 연이어 언론에 보도되었고 존속살해와 정상참작을 두고 사회적인 논란이 벌어지기도 했다. 더불어 교도소 안에서의 그의 선행이 화제가 되어 시민단체를 중심으로 구명운동도 서서히 일어났다.

그를 만난 후 그의 어머니를 찾아가 위로를 해주는 한편 그를 구명하는 작업에도 본격적으로 착수했다. 그런데 나의 이러한 노력이 불교계의 불만을 샀다. 스님이 왜 기독교 신자를 살리려고 이리 뛰고 저리 뛰느냐는 것이었다. 김정도를 만나는 횟수가 많아지자 기독교 측에서도 반기를 들기 시작했다. 스님이 왜 기독교 신자의 구명운동을 하느냐는 것이었다. 물론 불교계나 기독교계의 입장이 이해가 안 되는 것은 아니었다. 그러나 구명운동은 한 사람의 소중한 생명을 살리자고 하는 일이다. 그가 기독교를 믿든, 불교를 믿든 그건 나에게 아무런 의미도 없었다. 불교계의 입장은 불교 사형수의 생명은 소중하고 기독교 사형수의 생명은 소중하지 않다는 것인가? 반대로 기독교계의 입장은 기독교 신자만이 천국에 가야 하고 불교 신자는 지옥에 가도 된다는 것인가? 이것이야말로 종교적인 편협성에 불과하다. 이런 민감한 문제가 발생해서인지, 나는 김정도를 만날 때마다 이렇게 강조했다.

"정도야, 너는 이럴 때일수록 하나님을 더욱 잘 믿어야 한다. 기도도 더욱 열심히 하고 신앙도 잘 지켜야 해. 무슨 말인지 알지?"

그도 상황이 어떻게 돌아가는지 잘 알고 있었다.

"네, 저는 조금도 흔들림이 없습니다."

"네가 조금이라도 딴 생각을 품는 순간, 난 더 이상 너를 만나지 못하게 된다."

 자식을 살리려는 어머니의 마음 역시 간절했다. 어머니는 나를 만날 때마다 무릎을 꿇고 애절하게 하소연했다. 그녀는 자신 때문에 아들이 사형을 당한다면 자신이 어떻게 사느냐고, 세상에 그런 부모가 어디 있느냐고 눈물을 흘렸다. 나는 어머니의 마음을 충분히 이해할 수 있었다. 자신의 불행을 자신이 감내한다면 아무런 문제가 없다. 그러나 자신의 불행 때문에 다른 사람이, 그것도 바로 자신의 아들이 죄를 짓고 벌을 받는다면 어머니의 마음이 어떻겠는가.

 "스님, 스님만이 우리 아들을 살릴 수 있습니다. 제발, 우리 아들 좀 살려주세요."

 어머니와 아들, 서로를 위하는 그들의 애틋한 마음에 나는 더욱 용기를 내 구명운동에 매달렸다.

 그러나 시간을 너무 끌어서는 안 되었다. 사형수는 어느 날 갑자기 형장에 끌려가기 때문에 이제까지의 구명운동이 순식간에 수포로 돌아갈 수도 있었다. 사형수는 보통 3개월마다 수감되어 있는 방을 옮기게 되어 있다. 김정도는 이미 수차례 방을 옮겼고 그 사실은 사형집행 날짜가 다가오고 있다는 의미였다. 평소 알고 지내던 한 검찰 과장을 만나 사정 이야기를 해보았다. 대답은 역시 부정적이었다.

"이 사람은 곤란합니다. 언론을 통해서도 너무 많이 알려졌고 집행 대기시간도 꽤 흘렀습니다. 아마 곧 사형이 집행되지 않을까 싶은데요. 제가 할 수 있는 일은 사형 집행의 순서를 조절하는 정도입니다. 그런데 그것도 상부에서 순서대로 하라고 하면 소용이 없습니다."

하긴, 검찰 과장 선에서 사형집행 여부를 결정할 수는 없는 노릇이었다. 어쨌든 상부의 특별한 지시가 없는 한 김정도의 사형집행을 계속 미루어달라고 부탁을 했다.

김정도가 기독교 신자였기에 기독교 쪽에서도 계속 구명운동을 하고 있었다. 어쨌든 시간을 좀 벌어놓았기 때문에 나는 기독교 쪽과 협의를 해서 구명운동에 좀더 박차를 가하기로 했다. 기독교계도 불교계도 편협성을 버리고 범종교적으로 생명을 살리는 일에 동참하기로 한 것이다. 결국 김정도를 살릴 결정적인 계기는 기독교계에서 마련했다. 당시는 김대중 대통령 재임 시절이었다. 영부인인 이희호 여사 역시 독실한 기독교 신자였기에 김정도 구명운동에 상당히

관심을 가졌던 것으로 알고 있다. 결국 김대중 대통령이 그를 사형수에서 무기수로 감형시켜주었다. 모 신문에 이 일이 보도되었는데 그 헤드라인은 이랬다.

"부처님과 예수님이 힘을 합쳐 사형수 김정도를 무기로 감형시켰다."

그러나 보다 중요한 것은 부처님과 예수님의 힘보다는, 어머니와 아들의 힘이었다. 서로를 생각하는 간절한 마음이 사람들의 마음을 움직였고 또 하늘을 움직였던 것이다.

자식에 대한 어머니의 사랑은 늘 일방적이다. 받는 것 없이도 주고, 주는 것이 아무런 의미가 없을 때도 주는 것을 멈추지 않는다. 하지만 여기서 한걸음 더 나아가 아들도 어머니에게 사랑을 줄 때 모자간의 사랑은 진정 아름다운 것이 된다.

사형수 김정도와 비슷한 경우가 있었다. 마찬가지로 그 아버지도 20년이 넘게 가족들에게 폭력을 행사했다. 하는 일 없이 늘 술에 절어 있었던 그는 맨손으로 어머니를 때리는 것으로도 모자라 망치로 온몸을 구타하기도 했다. 어머니는 그 와중에도 파출부일을 하면서 딸과 아들을 키웠다.

어머니의 눈에는 눈물이 마를 날이 없었다. 딸이 간호사가 되면서 어느 정도 생계에 대한 걱정을 덜었지만 아버지의 폭력은 그칠 줄을 몰랐다.

그 날도 아버지는 망치를 휘두르고 있었다. 아버지의 폭력에 지칠 대로 지친 딸은 망치를 빼앗으려다 아버지와 함께 쓰러져 나뒹굴었고 아버지는 더욱 거칠게 발버둥치기 시작했다. 딸은 겁에 질려 빼앗은 망치를 순간적으로 휘두르고 말았고 머리를 정통으로 맞은 아버지는 방바닥을 피로 물들이며 사망하고 말았다.

애초에 살인을 하려는 의도가 전혀 없었기 때문에 자수를 하고 정상참작을 기대할 수도 있었다. 하지만 당황한 모녀는 어찌할 바를 몰랐다. 딸이 곧바로 자수를 하려고 했지만 어머니가 이를 말렸다. 어릴 때부터 늘 아버지에게 고통을 당해왔던 딸이 이제 겨우 살 만해지니까 교도소에 가다니, 어머니로서는 견딜 수 없었을 것이다. 어머니는 차라리 자신이 자수하겠다고 했으나 딸도 그것을 받아들일 수 없었다. 자신이 저지른 죄를 어머니에게 덮어씌운다는 건 너무나 불효막심한 일이었다. 모녀는 차일피일 미루다 결국 아버지 친족들의 신고로 수사에 나선 경찰에 의해 체포되었다. 그나마 다행인 것은 재판 중 정상이 참작되어 1심에서 어머니는 10년형, 딸은 15년형을 받았다는 점이다. 존속살해임에도 불구하고 사형이 언도되지 않은 것은 20년 동안 계속된 아버지의 짐승 같은 폭력이 재판 과정에서 입증되었기 때문이다. 하지만 50대의 어머니와 30대의 딸이 감옥에서 이렇게 긴 세월을 견뎌내는 것은 그리 쉽지 않은 일이었다.

딸 김지수(가명)에게서 한 번 만나달라는 편지가 왔다. 그녀의 첫마디는 자신보다는 어머니를 걱정하는 말이었다.

"어머니를 살려주세요. 아버지를 죽인 건 접니다. 저는 15년이 아니라 사형이라도 괜찮습니다. 하지만 건강도 좋지 않은 우리 어머니만큼은 제발 살려주세요. 한평생 저희들을 위해서 고생만 하셨습니다."

교도소라는 공간은 심리적으로나 육체적으로 무수하게 번민과 갈등이 일어나는 공간이다. 그곳에서 자신이 아닌 제3자를 생각하고 걱정한다는 것은 사치일 수도 있다. 그 대상이 아무리 혈육이라고 하더라도 말이다. 그러나 자신보다는 어머니를 생각하는 그녀의 마음씀씀이는 참으로 아름다운 것이었다. 그녀와 면회를 끝낸 후 곧 어머니를 만나보았다.

"스님, 제 딸 좀 교도소에서 나가게 해주십시오. 다 저 때문에 벌어진 일입니다. 저야 이제 살 만큼 살아서 어떻게 되든 상관없지만 우리 딸은 아직 젊습니다. 15년이나 감옥에 있기에는 너무 불쌍합니다, 스님."

어머니는 온통 딸에 대한 걱정뿐이었다. 어머니와 딸이 자신보다는 서로를 걱정하는 모습을 보며 어려운 환경에도 불구하고 그들의 가족애가 얼마나 컸는지 알 수 있었다. 거기에 아들의 모습이 더해지면서 그들에 대한 신뢰는 더욱 높아졌다. 아들은 요즘 젊은이답지 않을 정도로 성실했다. 집안이 가난해서 군대에 하사관으로 지원했던 그는 많지 않은 월급을 쪼개 부모님의 생활비를 대는 것은 물론 부모님의 해외여행을 위해 따로 저축까지 하고 있었다. 갸륵하게도 아들은 어머니뿐만 아니라 아버지까지도 여행을 보내드리려고 했다. 비록 자신들에게 폭력을 휘두른 아버지였지만, 자신을 낳아주고 키워준 것에 대한 보답을 하려 했던 것이다. 아들은 어려운 가정 형편 때문에 고등학교밖에 졸업하지 못했지만 사람을 대하는 태도 역시 예의바르기 그지없었다.

사건 직후 아들은 집안을 추슬러야 한다며 곧바로 전역해 어머니와 누나의 뒷바라지를 했다. 또 한편으로는 독학으로 공부를 해 영어 강사를 하면서 돈을 벌기도 했다. 내가 누나와 어머니에게 영치금이라도 좀 넣어주려고 하면 극구 사양했다.

"스님, 저희 가족의 문제는 제가 알아서 하겠습니다. 스님께서 이렇게 저와 누나, 그리고 어머니에게 힘과 용기를 북돋워주시는 것만으로도 감사합니다. 죽을 때까지 은인으로 생각하겠습니다."

아들은 단 한 번도 나에게 어머니와 누나를 구명해달라고 부탁하지 않았다. 흔히 사형수, 혹은 수감자의 가족들은 어떻게 해서든 가족을 교도소에서 빼내려 한다. 때문에 내게도 가족이 감옥에서 나올 수 있게 도와달라고 부탁하는 것이 자연스러운 일이었다. 하지만 아들은 의연하게도 단 한 번도 나에게 그런 부탁을 한 적이 없었다. 아니, 간접적으로라도 그런 것을 시사하는 말조차 하지 않았다. 지금 생각해보면 그것은 나에 대한 배려였다. 그도 어머니와 누나가 하루 빨리 석방되기를 바라고 있었지만, 그 때문에 나에게 짐을 지우고 싶지는 않았던 것이다. 그는 그만큼 속이 깊은 젊은이였다. 딸과 어머니의 사연도 애처로웠지만 나는 그 청년을 보고 구명운동을 결심했다.

몇 번의 재판을 거친 후 사건은 고등법원에서 항소심을 받는 단계였다. 나는 어렵게 재판장을 만나 사정 이야기를 해보기로 했다.

"재판장님, 딸과 어머니의 이야기는 이미 서류를 통해서 다 아실 줄로 생각합니다. 그런데 그 어머니에게는 아들이 하나 있습니다. 아들은 어려운 형편에도 불구하고 부모님의 여행 경비까지 모으고 있었습니다. 그는 어머니와 누나를 뒷바라지하기 위해 군대까지 전역했을 정도입니다. 그 아들을 위해서라도 딸과 어머니에게 선처를 베풀어주실 수는 없으시겠습니까? 그 아들을 불행하게 만들 수는 없지 않습니까?"

그리고 나는 교도소에서 만난 딸과 어머니의 아름다운 사랑에 대해서도 아낌없이 이야기했다. 묵묵히 듣고 있던 판사도 그 가족의 이야기에 감동했던 것 같다.

"말씀 잘 들었습니다. 제가 깊이 참고하도록 하겠습니다."

사실 재판장이 나의 이야기를 듣고 그 자리에서 뭔가 확신을 주는 이야기를 했더라면 그것이 오히려 이상했을 것이다. 매사에 신중해야 할 입장에서 경솔하게 어떤 언질을 주는 것은 불가능했다. '참고하겠다'는 것 자체가 도와주겠다는 의미와 크게 다르지는 않았을 것이라고 생각했다.

결심 공판이 있던 날, 재판장은 파격적인 판결을 내렸다. 어머니는 집행유예로 풀려나왔고 딸은 무려 6년이나 감형된 9년형이 언도되었다. 쉽게 일어날 수 없는 일이 일어났던 것이다. 딸과 어머니, 그리고 아들은 기쁨의 눈물을 흘리며 재판장의 깊은 배려에 감사했다. 나중에 재판장에게 인사를 하러 갔다. 재판장 역시 그 결정을 내리기가 쉽지 않았다고 했다.

"정말 힘들었습니다. 사건이 발생하자마자 자수를 하지 않았다는 점이정상 참작의 여지를 줄였습니다. 하지만 오죽했으면 스님께서 그런 말씀을 하셨을까 하는 생각이 들더군요. 또한 그 청년의 이야기를 들으니까 제 어린 시절도 떠올랐습니다. 저도 한때 가난 때문에 고생했습니다. 만약 그때 주위 사람들이 도와주지 않았다면, 저 역시 이 자리에 있지 못했을 것입니다."

나는 재판장에게 깊은 감사의 인사를 드렸다. 그는 내가 이제껏 만나본 재판장 중에서 가장 인간미 넘치는 분으로 기억된다.

나중에 들은 이야기이지만 만약 항소심에서 어머니가 풀려나지 못했다면 아들은 희망을 잃고 삶을 포기할 생각이었다고 했다. 만일 그런 일이 벌어졌다면 어머니는 또 얼마나 크게 상심했을 것이며, 딸은 또 어떤 심정이었겠는가. 결국 어머니의 집행유예는 아들과 딸과 어머니의 삶에 새로운 희망을 불어넣어주었다. 집행유예로 나온 어머니와 아들이 날 찾아와 "우리 가정의 은인이십니다"라며 고마워했다. 하지만 나는 그 가정의 은인이 아니었다. 그 가정의 진짜 은인은 바로 그들 스스로였다. 어려운 환경 속에서도 지켜온 아들의 건실함, 그리고 서로를 살리려 했던 모녀의 정이 결국 재판장의 마음을 움직였다. 그러나 그것은 재판장 개인의 판단이라기보다는 아직도 살아 있는 우리의 가족애 그리고 그 가족애를 존중하는 정신이 이루어낸 기적이 아니었을까?

 가족, 그것은 세상에서 가장 크고 포근한 울타리이다. 동물도 무리를 떠나서 혹은 자신을 보호해주는 울타리를 떠나서 살 수 없듯이, 사람도 울타리인 가족을 떠나서는 잘 살아갈 수 없다. 언제라도 자신에게 따뜻한 애정을 주고, 언제라도 자신을 지켜줄 사람들이 있다는 사실은 세상의 그 어떤 부(富)와 명예보다도 소중한 것이다. 그렇기에 가족을 지켜나간다는 것, 그리고 그 안에서 사랑을 이어간다는 것은 삶을 빛나게 하는 가장 소중한 덕목 중의 하나일 것이다.

세상 모든 불쌍한 이들의 어머니

 나는 지금도 그녀를 생각할 때면 늘 겸손해진다. 그녀는 '세상 모든 불쌍한 이들의 어머니'로서 어머니가 갖춰야 할 희생과 봉사, 그리고 헌신의 정신을 갖춘 분이기 때문이다. 비록 혈육으로서의 어머니는 아니지만 불쌍한 이들을 향해 아낌없는 모정을 주고도 결코 자신을 내세우는 일이 없는 그분은 '어머니'라는 이름으로 불리기에 모자람이 없을 것이다. 우리 사회가 그 어머니의 모성을 간직할 수 있다면, 좀더 따뜻하고 아름다운 사회가 될 수 있을 것이라 확신한다. 그런 의미에게 누군가 내게 존경하는 이를 꼽으라고 한다면, 나는 주저 없이 그녀의 이름을 말할 것이다.

1980년대 초반 한국을 찾은 마더 테레사 역시 그녀에 대해 이렇게 이야기했다.

"그녀는 나보다 더욱 위대한 수녀이다. 노벨 평화상은 당연히 그녀의 몫이 되었어야 한다."

마더 테레사가 그 봉사와 헌신의 정신을 극찬한 그녀는 바로 최소피아 수녀이다. 내가 그녀를 만난 곳은 알코올 중독자, 중증 장애인, 정신질환자들이 모여 사는 〈대구시립 희망원〉이었다. 그녀의 선행은 신문을 통해서 알게 되었다. 일면식도 없는 분이었지만 그 희생정신에 탄복해 무언가 도와줄 방법이 없을까, 고민했고 마침 초파일에 모금한 성금이 있어서 그녀에게 전달하기로 했다. 처음 만나본 그녀는 생각보다 활달했고 정감 있는 예의를 갖추고 있었다.

"수녀님, 신문에 보니까 대단하시던데요. 참 존경스럽습니다."

그런데 그녀의 대답이 걸작이었다.

"아유, 전 깡통인 걸요. 기자가 뭘 잘못 알고 쓴 거예요. 전 소리만 요란해요. 훌륭하기로야 스님들이 훌륭하시죠. 수행을 하시니까 속이 꽉 차 있으시고……."

그런데 이상하게도 그녀의 얼굴은 상처투성이였다. 여기저기 긁히고 꼬집힌 자국이 있는 게 어디서 싸움이라도 한 모양새였다. 본인에게 물어보기는 좀 그래서 옆에 있는 다른 수녀에게 물어보았다.

"최소피아 수녀님은 성질이 대단하신가 봐요. 싸움도 잘 하시나요?"

그 수녀는 하하 웃더니 그 사연을 설명해주었다. 알코올 중독자들의 경우 약물치료를 하는데 그 약물이라는 게 주로 주사로 놓아야 하는 것이었다. 그런데 심한 환자들의 경우 알코올 금단 증상으로 인해 주사를 놓으려고 하면 간호사들을 사정없이 때리고 얼굴을 긁는 등 난폭한 행동을 한다고 한다. 그래서 일반 간호사들은 알코올 중독자에게 주사를 놓을 엄두도 못 내지만 최소피아 수녀는 그 모든 것들을 다 받아내고 결국에 주사까지 놓는다는 것이다. 그녀는 뚝심이 대단해서 그곳에서 알코올 중독자들에게 주사를 놓는 일은 모두 최소피아 수녀의 몫이라고 했다. 그러니 얼굴이며 몸이며 성할 리가 없었다. 하루 종일 알코올 중독자들과의 몸싸움이 그녀의 일과라고 했다. 하지만 그녀는 단 한 번도 화를 내거나 짜증을 부린 적이 없었다. 그 모든 힘겨운 일들을 자신의 천직으로 알고 기쁘게 받아들인다는 것이었다. 테레사 수녀도 그런 최소피아 수녀의 모습에 반했다고 한다.

처음 만난 자리에서 최소피아 수녀는 하나의 에피소드를 들려주었다. 하루는 무슨 경축일이었는지 떡과 과일 등 풍성한 음식을 놓고 잔치를 벌였다고 한다. 한 정신이상자가 대뜸 일어나 최소피아 수녀를 부르더란다.

"야, 흰 보자기나 쓰고 우리 앞에 왔다 갔다 하는 미친년아!"

그네들의 말이야 늘 상스럽고 워낙 황당하기에 그녀는 그날도 그러려니 했다. 그런데 그 정신이상자의 말 한 마디 한 마디가 그녀의 폐부를 찔렀다.

"네가 하는 게 진짜 성녀 짓이냐? 네가 아니고 바로 오늘 우리에게 떡과 과일을 가져다준 그 사람들이 진짜 성녀가 아니냐. 너희들은 우리를 팔아먹고 사는 거 아니냐?"

최소피아 수녀는 그 말이 마치 예수님이 하는 말처럼 느껴져 깜짝 놀랐다고 한다. 그녀가 고백했다.

"맞는 말이었어요. 나는 그냥 몸만 왔다 갔다 하는 거였어요. 나는 흰 보자기나 쓰고 불쌍한 사람들이나 팔아먹는 그런 사람이더라구요. 진짜 봉사자는 따로 있었어요."

자신을 낮추고 드러내지 않는 겸손한 마음씨는 흔히 볼 수 있는 것이 아니다. 그녀는 그저 얕은 수로 자신의 겸손을 자랑하려는 것이 아니었다. 아직도 자신이 가야 할 길이 멀고, 또 하나님이 보시기에 자신은 한없이 낮은 존재라는 사실을 그녀는 진심으로 고백하고 있었다. 그녀와 오랜 시간 대화를 나누지는 못했지만 한순간에 그 인간적인 매력에 빠져버렸다.

그리고 얼마나 시간이 흘렀을까, 어느 날 모 신문사 기자가 나를 찾아왔다. 어디서 들었는지 내가 최소피아 수녀와 친하다는 이야기를 들은 모양이었다. 최소피아 수녀에게 아무리 취재 요청을 해도 인터뷰에 응하지 않는다며 도와달라고 했다. 테레사 수녀의 말이 화제가 되어 많은 국민들이 그녀에 대해 알고 싶어 하는데 그녀가 아예 만나는 것 자체를 거부하니 방법이 없다는 것이었다.

"스님, 그래서 부탁드리는 건데요, 스님께서 중간에 다리 역할을 해줄 수는 없으신가요? 인터뷰가 하기 싫은 건 알겠는데 국민들의 알권리도 생각해줘야 하는 것 아닙니까? 나쁜 걸 인터뷰하겠다는 것도 아니고 좋은 내용으로 하겠다는 거니까, 수녀님에게 나쁠 것도 없구요."

한 번 정도 만난 걸 가지고 친하다고는 할 수 없었지만 그래도 무언가 수녀님에게 도움이 될 듯해서 한 번 해보자고 했다. 그러고는 사진기자와 취재기자를 데리고 수녀원으로 향했다. 나는 사진기자에게 사진기를 감추라고 한 후 수녀원으로 들어섰다. 최소피아 수녀는 반갑게 우리를 맞이했다.

"오늘은 우리 청년회 회원들을 데리고 왔어요. 한 번 뵙고 싶다고 해서요."

그녀가 내온 차를 마주하고 내가 하나씩 질문을 하기 시작했다. 나도 언론사 기자와 인터뷰를 많이 해서 기자들이 뭘 궁금해하는지 정도는 잘 알고 있었다. 내가 그녀의 성장 과정, 수녀의 길로 들어선 계기, 그리고 그동안 힘들었던 점과 보람찼던 일들을 하나씩 묻는 동안 옆에 있던 '청년회 회원'이 수녀님의 대답을 하나씩 암기하고 있었다. 나중에 보니 그 취재기자는 30여 분간 묻고 대답한 내용을 거의 빠짐없이 기억하고 있었다.

"우리 그럼 기념사진이나 찍을까요?"

아무 것도 모르는 최소피아 수녀는 기꺼이 사진 촬영에 응했고 사진기자는 능숙하게 사진을 찍었다. 이틀 뒤 일간지에는 그녀의 기사와 사진이 큼지막하게 실렸다. 흐뭇했다. 그녀의 아름다운 마음과 선행을 세상 사람들에게 알릴 수 있다는 사실 자체가 나로서는 즐거운 일이었다. 세상의 많은 이들이 그녀의 마음을 배우고 닮아갔으면 하는 바람이 간절했기 때문이다. 몇 주 뒤에 신도들과 함께 그녀를 찾아갔다. 다시 그녀를 만날 수 있다는 즐거움에 선물까지 한 아름 준비했다. 하지만 〈희망원〉에 들어선 나를 보고 그녀는 싸늘한 표정을 지었다. 도대체 무슨 일일까? 혹시 건강에 문제라도 생긴 걸까?

"수녀님, 무슨 일 있으세요?"

그녀는 대답은 하지 않고 나를 사람들이 없는 한쪽으로 끌도 갔다.

"저, 스님하고 싸우려고 이주일째 단식기도하고 있어요. 도대체 왜 그러셨어요?"

"예? 제가 뭘 잘못했어요?"

"잘못한 게 없다구요? 그래도 아직 반성을 못하고 계신 거예요?"

"그때 스님이 데리고 온 사람들은 청년회 회원이 아니고 기자들이었잖아요. 왜 절 속이셨어요?"

"그게 무슨 상관이에요. 신문에 잘 나왔던데."

그녀의 얼굴은 더욱 앙칼스러워졌다.

"나쁘게 나왔으면 스님하고 싸우려고도 하지 않았어요. 그 기사에는 내가 하지 않은 일까지 내가 한 걸로 나왔잖아요. 그렇게 과장을 해서 쓰면 전 어떡합니까. 제가 한 일은 나중에 제가 직접 하나님에게 말씀드리면 되는 거예요. 그런데 그걸 왜 세상 사람들에게 알려야 하죠?"

그제야 미안한 마음이 들었다. 그녀는 더 크게 흥분하며 날카롭게 쏘아붙였다.

"스님은 저를 하나님 앞에 부끄럽게 만들었어요. 잘한 것도 없는 저를 그렇게 잘한다고 해놨으니 나중에 하나님께서 저를 어떻게 보시겠어요. 스님은 참 힘 있는 분이신 거 같네요. 그런 신문들도 좌지우지하고. 이렇게 힘 있는 분하고 싸우려니 너무 겁이 나서 제가 금식기도까지 했잖아요!"

당황스러웠다. 그런 반응이 나올 줄은 미처 생각도 못했기 때문이다. 그런데 한편으로는 너무 존경스러웠다. 이분이 바로 성녀(聖女)구나, 그러니까 테레사 수녀님도 그렇게 칭찬을 하신 거구나. 착한 일을 할 때에는 마치 도둑질이라도 하는 것처럼 숨어서 해야 하는 거구나. 그녀의 겸손은 일시적인 것이 아니었다. 그것은 뼛속에서 우러나는 겸손이었고, 그것은 스스로도 알아차리지 못하는 그런 겸손이었다. 처음 만남에서도 그랬지만 그때도 그녀가 존경스러웠다.

어느 날 한 지인께서 나에게 전화를 한 적이 있다. 「동아일보」 인촌상 사회봉사 부분에 나를 추천하겠다는 것이었다. 하지만 그건 좀 문제가 있었다. 인촌상 심사위원인 그분과 나의 친분 관계는 알 만한 사람은 다 알고 있는 것이었다. 그분이나 신문사가 친분 때문에 상을 주는 일은 없겠지만, 그래도 주변의 시선 때문에 손사래부터 쳤다.

"선생님, 저는 아직 멀었습니다. 저보다는 더 나은 사람이 있는데 그분을 추천하면 어떻겠습니까?"

선생님은 흔쾌히 승낙했고 나는 최소피아 수녀를 추천했다. 한동안 연락을 하지 못했던 그녀에게 전화를 했지만 이미 〈희망원〉에서 다른 곳으로 옮긴 후였다. 여기저기 물어 드디어 그녀와 통화를 할 수 있었다.

"아이구, 스님. 신문에 나가는 것도 싫어하는 저에게 상을 받으라구요?"

그렇게 나오는데야 더 어찌할 도리가 없었다. 그 일이 있고 얼마 후, 알고 지내던 대한적십자사 사회봉사국장과 식사를 하게 되었다.

"스님, 뭐 도와드릴 일 없습니까?"

"……아, 있죠. 최소피아 수녀라고 있습니다. 나보다는 그녀를 좀 도와주시죠. 근데 상도 안 받으려고 하는데……. 어쨌든 좀 도와주자구요. 제가 그녀에게 필요한 게 뭔지 좀 알아보겠습니다."

다시 그녀에게 전화를 걸었다.

"요즘에 어디서 뭐해요?"

"경상북도 산골의 한 알코올 중독 센터에 와 있어요. 그런데 너무 힘들고 어렵네요. 돈이 없어서 이 사람들 다 얼어 죽게 생겼어요. 스님, 돈 있으면 좀 주세요."

"아이구, 스님이 돈이 어디 있어요?"

그렇게 전화를 끊고 다시 사회봉사국장을 만났다. 그에게 금전적으로 최소피아 수녀를 도와줄 방법이 없느냐고 물었다. 국장은 흔쾌히 방법을 연구해보겠다며 그녀의 주소와 전화번호를 적어갔다. 그리고 몇 주 후 대한적십자사에서는 4천만 원에 가까운 큰돈을 최소피아 수녀에게 지원해주었다. 돈을 지원한 다음날 그녀에게서 전화가 왔다.

"호호, 스님, 너무 고맙습니다. 얼어 죽게 생긴 사람들이 스님 덕에 다시 살아나게 되었어요. 전기도 다시 연결하고 쌀도 많이 사놓았어요. 이 은혜를 어떻게 갚죠?"

"갚긴 뭘, 내가 그 돈 줬나? 적십자사에서 줬지."

하지만 그녀는 그 돈을 적십자사가 준 것인지 내가 준 것인지도 잘 모를 정도로 순진했다. 나한테 돈 이야기를 하고 몇 주 뒤에 돈이 들어오니까 내가 준 것으로 아는 모양이었다. 그 후 나는 그녀가 있는 알코올 중독 센터에 위문 공연을 갔고, 그녀는 그 보답으로 약초를 선물했다.

그리고 다시 수개월이 지난 후에 나는 텔레비전에서 그녀의 모습을 볼 수 있었다. 아니, 내가 기자를 데려갔다고 금식기도까지 하며 덤비던 사람이 텔레비전에 출연해?

밝은 목소리로 전화를 받는 그녀에게 심통 맞은 농담을 건넸다.

"이젠 타락했구나. 신문에 내보냈다고 난리를 치더니만 이젠 자기가 더 설치는구만."

"호호. 그런 게 아니구요. 언론에 나가니까 일이 더 잘돼요. 도와주시는 분들도 많아지구요. 그러니 불쌍한 분들을 더 많이 도울 수 있더라구요. 호호."

그러다 그녀가 봉사원을 짓는다는 소문이 들려왔다. 아마도 어느 독지가가 큰 도움을 주었을 것이다. 그 소식을 듣고 이제 70세가 다 된 그녀도 여생을 편안한 곳에서 보낼 수 있겠구나 하고 생각했다. 그러다 몇 개월 뒤에 전화를 해보았더니 그녀는 그 봉사원을 다른 수녀에게 넘기고 자신은 더 어려운 사람들을 위해 다시 산골로 들어간 후였다.

그녀는 스스로를 수행자가 아닌 '깡통'이라고 했다. 하지만 그녀가 봉사하는 모습에서 진정한 수행자의 면모를 엿볼 수 있었다. 그 나이에 또다시 새로운 곳으로 들어가 그 힘든 일을 처음부터 다시 시작하다니! 이제 젊은 수녀들에게 그러한 수고로움을 물려줘도 될 법한데 봉사와 헌신에 대한 그녀의 욕심은 끝이 없는 것 같았다. 스스로의 업적에 만족하지 않고 더 큰 사랑을 위해 주저 없이 떠나는 것이야말로 진정한 수행일 것이다. 안주하겠다는 것은 집착하겠다는 것이며, 그것은 소유하겠다는 의미이기도 하다. 진정한 무소유의 실천은 바로 자신이 이루어놓은 것, 성취해놓은 것으로부터의 떠남이 아닐까.

나는 최소피아 수녀로부터 많은 것을 배웠다. 진정한 겸손과 겸양, 그리고 굳은일도 마다하지 않는 기쁨이 충만한 생활, 진정한 무소유를 실천하는 정신, 마지막으로 세상의 모든 이들을 불쌍하게 여기는 어머니의 마음까지.

어머니의 마음은 신앙심과 크게 다르지 않다. 불쌍한 이들을 돌보고 그들을 위해서 자신의 모든 것을 던지는 모습은 자식을 향한 어머니의 마음과 똑같다. 그리고 아무런 대가도 없이 무한한 사랑을 주는 것 역시 신앙의 사랑과 한 치도 다르지 않다. 그런 점에서 어머니는 자식들에게 하나의 신앙이 되어야 한다. 자신의 모든 걸 바치는 신앙처럼, 우리도 어머니를 위해 할 수 있는 모든 것, 드릴 수 있는 모든 것을 바쳐야 할 것이다.

마치는 글
어머니에게 드리는 편지

어머니.
 이제는 어머니의 얼굴을 사진으로밖에는 볼 수 없습니다. 살아계실 때는 '늘 가까이 있다'는 것의 소중함을 몰랐습니다. 전화를 하면 언제나 목소리를 들을 수 있고, 찾아가면 늘 만날 수 있었기 때문입니다. 사람의 어리석음은 이렇게 꼭 시간이 흘러야 그 소중함을 깨닫는가 봅니다. 철이 든 뒤, 어머니와 함께했던 시간들은 행복과 아쉬움, 그리고 안타까움이 교차하는 순간들이었습니다. 또한 제가 스님이었기에 그러한 순간이 더 많았을 수도 있었겠지요.

어머니.

살아오시면서 저 때문에 많이도 우셨지요? 비록 저는 어머니가 우시는 모습을 보진 못했지만, 어머니의 그 오래된 기록에 담긴 슬픈 사연들로 충분히 짐작할 수 있었습니다. 아버지께서 일찍 돌아가신 후 의지할 곳 없이 어린 저와 단둘이 이 세상에 던져졌다는 막막함과 쓸쓸함에 어머니는 많이 외로우셨을 겁니다.

생각하면 저는 참 냉담하고 정이 없는 아들이었나 봅니다. 어머니를 위해 울어본 적이 없으니까요. 하지만 어머니의 장례식장에서 저는 처음으로 어머니를 위한 눈물을 흘렸습니다. 그 한 많은 삶을 생각하니 슬펐고 살아계실 때 제대로 "사랑합니다", "고맙습니다"라는 말 한마디 하지 못해 슬펐습니다. 이제 영원히 이별을 해야 한다는, 앞으로는 단 한 번도 어머니를 만날 수 없다는 사실에 눈물이 주르르 흘러내렸습니다.

어머니, 보고 싶은 어머니.

평생을 저와 함께 있어주셔서 감사했습니다. 저 역시 힘든 시간들이 많았지만 어머니가 계셨기에 이겨낼 수 있었고, 그 사랑 속에서 힘과 용기를 잃지 않았습니다. 이제 어머니와 헤어진 지도 2년이 흘렀습니다. 사실 저는 그 시간 동안 어머니에 대한 기억을 되살리고 싶지 않았습니다. 이 못난 자식은 그렇게 어머니에게 불효를 했던 기억조차 떠올리고 싶지 않았던 모양입니다. 그러나 늘 마음 한구석에서는 어머니를 위해서 내가 할 수 있는 일이 무엇인가를 묻고 있었습니다.

어머니, 사랑하는 어머니.

하지만 이제 저는 기쁩니다. 어머니에 대한 추억을 한 권의 책으로 엮어낼 수 있었고, 이 책을 쓰는 동안 어머니의 모습을 다시 만날 수 있었기 때문입니다. 그리고 그 모습은 다시 생생하게 제 마음속에 자리 잡았습니다. 이제 어머니는 제 마음속에 영원히 살아계실 것입니다. 슬프고 고통스러웠던 모습이 아니라 해맑고 아름다운, 그리고 행복한 얼굴로 어머니는 제 마음속에 계십니다. 이제 어머니를 기억하는 일이 저는 즐겁습니다. 어머니를 생각하면 어려운 일이 닥쳐도 새로운 힘이 솟습니다. 그것이 수행의 문제이든, 아니면 사형수 구명의 문제이든, 어떤 것이라도 상관없습니다.

어머니, 어머니는 돌아가셔도 이렇게 저에게 많은 교훈을 주시는군요. 감사합니다. 늘 어머니에 대한 행복한 추억 속에서 살아가겠습니다.

사랑합니다.